歷史真相

佛脈、道脈傳承故事(一)

許妙香 講述
葉皖淮 編著

你不會相信
一位不懂歷史又不識字女士
口述歷史過程的歷史真相

學術珍藏・佛道秘探

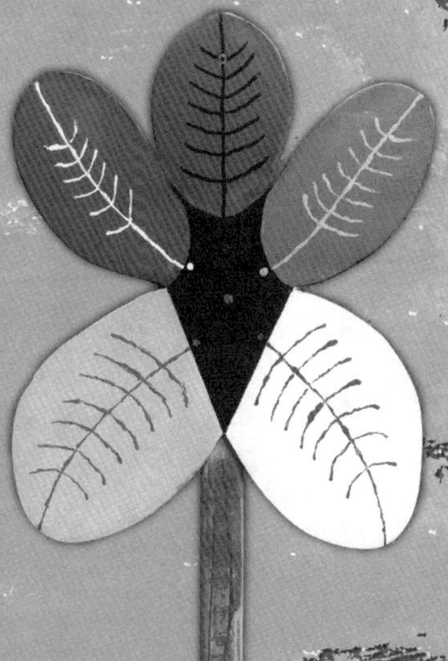

目錄

第三章：【佛】脈傳承歷史

附錄

自序 與眾生靈性溝通的媒介——許妙香

許妙香，西元一九五六年出生於台灣屏東高樹鄉源泉村，早期因為家境清寒及長女身分，處處以家事為重而耽誤學堂學習機會，因此目不識丁。一九九三年得到地母娘娘護持，千手千眼觀世音佛祖靈駕，許妙香因而能與眾生靈性溝通，得知眾生靈性無處求助之苦，故擔起渡眾生之大責。

「紅光電石」能看清宇宙發展的一切未來，母娘在四萬六千年前，請「紅光」來到大千世界協助「補天補地補乾坤」的艱難工作，「紅光」百世輪迴為人，許妙香即為第一百世，百世大智慧與經歷，無論道、佛、耶、回各教經典皆能神識並註解大意；口述歷史，無論哪個朝代、國家、人物介紹及事件發展過程皆鉅細靡遺，甚至歷史正史、稗官野史都未有記載事件，皆能娓娓道來。

許妙香接下「補天補地」職責，發現輪迴靈性造成因果，導致社會萬物生活困擾，「補天補地」困難重重，因此必須將因果業障化解，所以口述「歷史」，開「案件」，請代表「玉皇大天尊」的「三官大帝」做主，化解銷案，雖然闡明過程與歷史記載有所不同，然而卻是造成歷史真相的緣由。

許妙香通曉宇宙世界開拓史，這都拜「紅光」累世訴說。累世靈有第一世「玉皇大天尊」張儀第七女兒張巧七、如來佛祖、燃燈古佛、達摩祖師、千手千眼妙善佛祖、聖母瑪莉亞、古埃及法老王國師、九鳳、何仙姑、陳靖姑……。

序 揭開歷史的謎團

後學一生都在尋求真理，自西元一九九六年進入道場後，發現我的人生所想知道的知識原來就在這兒！經過五、六年時光流逝，方醒悟這麼有價值的知識寶藏怎可埋沒，為什麼沒有人記錄，於是私底下開始點滴記載，當同修師兄姐知道後，鼓勵也默許，要求我記錄彙整，我心中實在惶恐，雖然我樂於接受此託，然而自己的文學造詣未臻境界，多麼希望有文學造詣學者來分享研討紀錄，或者完全接手，但盼望、期待依然落空，只好硬著頭皮撐下去。

整理手邊資料，將「宇宙大行殿」領天命緣由、成長辛酸、宇宙「大行」……各個階段加以整理歸納，讓諸仙佛諄諄教誨行句，與「大行」眾生事蹟，透過許妙香口述歷史，務求將過程詳實完整地記錄下來。人都會有先入為主的觀念，記錄許妙香口述內容，不似小說故事的蜿蜒曲折，但卻是實實在在的。

過去歷史的真相往往在當世的社會中被隱瞞，無論這個隱瞞對社會是正面或負面，都會造成歪曲的事實，於是真相永遠是個謎團。

「龍華大會」收圓工作，須經由孽鏡台因果呈現，把造成歷史事件的宿業「大赦」，所以當這個歷史真相坦誠相見時，往往會被嗤之以鼻，被批評為胡說八道。但這些紀錄是仙佛們指示，天命職責匡正事實，還給歷史公道，打破流傳的各種謠言揣測，進而讓社會大眾了解事實緣由。也提醒世人珍惜緣分，和諧相處，勿迷失自我。

今天「宇宙大行殿」有這樣的成績，受到眾仙佛的肯定，沒有絲毫僥倖存在，眾師兄師姐犧牲家庭時光，奉獻了多少歲月心血，甚至金錢來完成使命，雖然主持從來不接受捐款，也不會要求眾師兄師姐贊助，然而當大行殿缺少油電設施等經費時，眾師兄師姐都義無反顧挺身襄助，這些是外人無從了解的。

「宇宙大行殿」開創初期沒有任何支援，諸多無法預料的問題一再出現，鄰居的抗議、警察的臨檢、天南地北焚化爐的尋覓，面對隨時隨地的挫折和不順利，真是疲於奔命、窮於應付，當時大夥內心感到茫然和無奈，但我們憑藉著一股傻勁及意志力堅持下去。

創立本殿之時，在複雜社會環境中，種種打擊和蓄意詆毀，上天一次次的考驗，我們都欣然面對，隨著時光流逝，眾人的年歲增長，逐漸擴展到目前的盤局，為了讓社會大眾都有「知真相」的權利，因此審慎的選擇、摘錄多年來相關紀錄資訊，分享眾生，也讓眾生通曉宇宙的秩序，及知道芸芸眾生都有仙佛安排與照護，竭誠也希望眾位大德來共襄盛舉。

二〇一九年一月二十三日

人從出生到死亡，一生中的點點滴滴，就是你的歷史過程。社會上一年一年的變化，這也是社會變遷的歷史。在流失的時光中，把事情記錄下來，就成了歷史記載。然而有很多歷史會因政局權勢，或者文人筆下道聽塗說而添油加醋，人們也會受到暴力干擾而遮掩犯罪的事實，導致很多的歷史被歪曲。

歷史探究中，也有很多會摻雜個人見解，揣測心思來界定不正確的事情，一年又一年，一世又一世，一個朝代又一個朝代，就這樣一誤再誤，錯誤訊息就一直傳下去，當有一天發現真相，去公布真相時，因錯誤已經根深蒂固在人們的心中，人們反而不肯承認真相的存在。

神明界有個「孽鏡台」，任何人、事、物，凡是歲月走過就必留下痕跡，「孽鏡台」裡全部都會記載在上面，過程點滴毫不留情也決不虛假。所以人類在世間的過程被記錄下來，等到肉體死亡後，「靈性」就會在孽鏡台前看見自己的功過，然後再輪迴下一世去承受，於是就有「前世因今生果」。

「靈」是看不到的物質，而祂也是亙古不滅，能飛天遁地，因為是屬於四度空間以上的虛無之靈性，「靈」為了利用這個肉身（人類）生存辦事，於是世世代代的輪迴，讓生命傳承，所以要探討真正的歷史真相原因，就得將孽鏡台裡的紀錄翻出來，攤在陽光下，才能讓歷史真相重見天日。

也因為「真相」裡面牽扯累世的恩恩怨怨，以及靈性的輪迴訴說，所以會讓世人覺得不可思議，於是就會被列入「神化故事」、「神話故事」。然而分享在我的 Facebook、分享在我的 Plurk、分享在我的即時通，「神化」是宗教共同的特徵，因為有了「神化」，才有歷史的傳承、人性的探討、智慧的語錄、哲學的研究，以及科學的尋根。

地球歷經沒有人類的幾個世紀，再經過沒有文字記載，只有口耳相傳時期，然後加上美化繪圖騰方式來表達，造成事實的誤解，今天「宇宙大行協會」，藉由「仙佛」鑾駕訴說，陸續把這些過程，以圖文記載，將過去歷史「神話真相」還原，讓世人了解以框正視聽。

第一章

人類緣起傳承

1 人類起源第一世

萬物、人類形成由來

漆黑寂靜的宇宙有種黏元素粉塵，漸漸聚合形成板塊，板塊在宇宙天際漂流，能量不停增長，並且產生磁場，聚合飽滿負載過荷後爆破，造成瀰茫煙霧，這些煙霧化成雲氣，於浩瀚宇宙間延展，不同元素間相互吸引組合，最後形成星球。星球與星球間的磁場相互牽制，於是形成固定的軌道。太陽、太陰運轉，產生雲氣、水氣、空氣，進而孕育草木、蟲菌、萬物。

板塊能量（靈炁）增長，負載過荷爆裂造成各種「靈炁」充斥宇宙，而各種靈炁產生萬物形象化，進而演化出動物時代的出現。世人常言是先有雞還是先有蛋？雞生蛋、蛋生雞？這裡已然說明一切，是先有萬物「靈炁」形象體，再進入單細胞菌體，歷經陽光、空氣、水而孵化成實體，地球萬物就是這樣產生，雖然地球出現毀滅性的乾旱期、冰河期等，然而「靈」不滅，牠們依然尚存於天地間。

距今一億三千年前，天際初開之時，地球上的雲霧漸漸稀薄減少，破洞越來越大，萬物越來越難生存，炁化成靈的「天后母娘」需要眾多手腳來補天，於是進入蟲母來孕育蟲兒，由老大「女媧」帶領不怕吃苦的一百零八隻蟲兒，利用五彩石磨成漿水，芋莆葉曬乾後以石頭壓平，手指沾彩漿畫葉上，畫雲點彩完成後再予以燒化，以有形雲彩化做無形雲彩，炁化的眾靈性把雲彩送上天並搓揉平順，變成有形的雲層，使地球雲層增厚，氣候適中，萬物便能在地球生存，女媧補天工程，歷經十二年終於成功。

五位母娘藉體創造靈兒

地球萬物歷經造化、分化，距今七萬多年前，有對母女互嫌對方長得醜，行動也僵硬，於是母娘與眾靈性共同來教導他們，捏泥偶造出人的形體，把原先手腳趾頭只有三指的靈性，送入有十指的泥偶，轉化為肢體靈活的人類雛形，自此人類開始演化、進化。

距今四萬六千年前，無極老母、太上老母、西王金母（巧七之母）、天后娘娘（地母）、天鳳娘娘（五斗之母），五位母娘與各位前輩再次共同研究，創造九十六億人靈，天鳳母娘負責掘土，天后母娘捏泥偶，無極母娘催趕天上靈性，讓金母調這些靈性入泥偶，「靈炁」合入體內完成「靈性」調整，黃石公則是負責所有人靈經絡、五臟六腑及各關節、筋骨的疏通，然後太上母娘再將「靈兒」帶去投胎。五位母娘分工合作，是辛苦的造靈者，經過他們之手，才開始有了人類傳承。

人類父母親的產生

四萬六千年時，炁化靈性的天后母娘看到一個七歲的孩兒，嘴巴流出口水，眼睛流出淚液，鼻子也會流鼻涕水，眼睛呈現無神識的茫然，兩邊耳朵有耳鳴現象。看得出來七萬年前他們創造靈兒時，「人」的身上只有兩條靈氣「智心靈」跟「智上靈」，明顯不足以勝任這個肉體，所以眾人研討，要如何讓「人」的七竅及五臟發揮其應有的功能。

商量好以後，天后母娘（炁化成靈）嘗試進入一個七歲孩兒的體內，可是這肉體的「智上靈」（屬於父母精蟲）這條靈性，不願意讓天后母娘進入體內，天后母娘只好另外找來一位七歲的孩童進入其體內，哪知進入體內後，孩童在地上一直掙扎打滾，金母娘娘急忙調來七條靈性進駐七竅，但孩童還是很痛苦，這時天后母娘已進入其體內的「智心靈」（靈駕借體），所以天后母娘開始舉手捏揉七竅（自己醫靈）。

緩慢揉捏眼睛，調合眼睛靈氣，於是眼睛漸漸越看越清楚，視野也越來越明朗，眼睛不再滴出水漬（淚液）。當手揉捏到鼻子時，兩鼻孔就不再流出鼻水，呼吸也順暢，手繼續移揉兩邊的耳朵，耳朵裡面的雜音漸漸消除，這時天后母娘順便在耳朵裡隔上一層薄膜以保護兩隻耳朵（耳膜），嘴巴也經過天后母娘細心的搓揉而止住了口水，讓食物進入口中能嚐出味道，讓酸、甜、苦、辣、鹹皆能由口中辨識出氣味來。

金母娘娘繼續調五條靈進入五臟，天后母娘則繼續調整五臟六腑各部位，讓五臟六腑靈性各司其職。最後金母娘娘又再請來一條「智慧靈」進入頭腦，於是頭腦智力思考顯得清楚多了，從眼神上看得出來整個人變得清爽有力，也在五位母娘及眾人（炁化成靈）一番協助下，打通了三百六十五個骨頭關節，三百八十四條血脈筋絡，接通兩百六十一條神經線，整個人（孩童）在行動上已比先前靈敏，也不再一邊走路一邊流鼻水，腦智清晰，嘴巴也能好言好語。

緊接著，炁化成靈的金母娘娘找來一位八歲女童，太上老母找來十歲女孩，張儀找來十一歲男孩子，林寶、林釜、黃石公也找來十二歲男孩，他們徵得其肉體「智上靈」的同意後，五母及眾炁化成靈的靈性就進入體內，開始進行醫靈、造靈、調靈的工作，也找到炁化的靈性，互相配合發揮功能，結果非常圓滿成功。

炁化成靈的吳昆進入一成年男孩肉體，經過男女陰陽交配順利繁衍出吳指，這個兒子是經過泥偶造靈後由肉體所生，已經具備健全「人」的功能，身體裡面「十五條靈性」相互運作，讓身體每個部門都能照應到，如此人類就有能力去克服周圍的環境，及接受大自然的考驗，從此人類第一世開始誕生傳承下去。

人類智慧來源

五母造靈兒調靈性進入「泥偶」這過程需要大量的靈性，包括動物靈、炁化靈及蟲菌物靈等，最後金母調請靈性必會請天空「智慧斗星」靈性一起進入，然後調合轉化成完整「靈兒」去投胎轉世。

宇宙大爆炸，也就是混元一炁自身爆開，這些板塊具有能量與智慧的靈性，經過漫長時間的擴散漂流，再組合成五斗星、五色星、六星斗、七星斗、八星斗、滿天星斗、八卦星斗……分布在整個宇宙天際。其中八卦斗星在先天八卦及後天八卦出現以前就已經在運作組合，所以六十四卦數早就很齊全，卦數組合既能散發成板塊細片或為煙氣漂流，也能聚合成各種事物萬物，大者甚至組合成星球，如東方八卦星斗、南方八卦星斗、西方八卦星斗、北方八卦星斗、中方八卦星斗……所以八卦斗星其功能及範圍包涵極廣，組合過程又順利，且元素充足，外表顯得耀眼亮麗，其中更蘊含很高的智慧。金母娘娘很重視這個八卦斗星，因此和八卦斗星靈性溝通，請入泥偶造靈兒，所以金母娘娘調來這些耀眼的智慧斗星靈性，造「靈兒」後用心栽培這些斗星，培養他們以後分擔做天地的工作。

斗星的命名

金母娘娘將天上斗星加以命名，並將各斗星靈性調入泥偶造靈兒，成就了現在的人類，也因此現今社會常有人詢問你的本命星是啥?其實「本命星」就是當初從天上調下來，成為你先天智慧靈性的那顆斗星靈性，雖歷經累世輪迴，本命星依然跟著靈體輪迴，也不改其特性。

金母娘娘調靈時從東方最閃耀的一顆斗星請入泥偶中，稱為東斗；同樣東方請入一顆耀眼黃色光斗星靈性，即是黃色斗星；從南方亮眼的一顆斗星請入泥偶中，完成後的靈兒稱做南斗；南方請入最耀眼的一顆白色光斗星靈性，就稱為白色斗星；從西方請入的一顆最強光的斗星靈性，就稱為西斗星；西方請入光鮮的綠色光斗星調來的靈性，即稱做綠色斗星；從北方合入的斗星靈性稱北斗星；再從北方藍色彩光斗星調來的靈性謂稱藍色斗星；中方請入最顯眼的靈性調合出中斗星。可是中方有一顆很亮眼的紅色星斗，就是一直無法請來調進入泥偶裡面造靈，五母及眾人想不透原因為何。

混元一炁之靈來告知：「天空斗星之靈，都是很好的靈性，調來造靈兒後，請五母好好栽培，將來必能擔當重要任務。」也告知眾人：「所有星際斗星中，『紅星』功能最是特殊，祂能看出三千、大千、宇宙世界所有事物，就是因為

『祂』已看出這世界靈性的過去與未來，所以才會逃避不願加入『人靈』的世界。」

第一世人類的成長

為了請紅星下來，混元一炁訴說過去天上斗星耗盡元素，是如何殞落滅亡，又如何犧牲自己（一炁）救了大家，而成就了天際斗星。五位母娘與眾人、黃石公及一炁都曉以大義，勸告紅星下來。

金母娘娘懷胎生下第一胎取名巧一，沒能請到紅星降生，懷第二胎巧二時紅星還是拒絕，一直生到第六胎巧六（這胎是請入炁化成靈的蝙蝠，人頭蝙蝠身，斗星靈性為八斗星的頭）還是請不到，直到金母懷第七胎時，被曉以大義的紅星才無奈地答應降生，造成金母懷胎十三個月才把巧七給生下來，而這時候中斗已經是十五歲的大孩子了。

「紅星」出生第三天，天上的滿天星之「靈」就附在巧七身上，說出這個世界將會有汽車、飛機、樓房、火車……讓六位姐姐覺得怪異，為何懷胎十三個月巧七才降生，而出生第三天就會講一些世界上看不到的東西，因此一致認為巧七是煞星轉世，所以對巧七很排斥，拒絕和她親近。

金母娘娘在造靈兒時，負責請調星斗及萬物之靈氣，在調合靈氣的過程，過度消耗身體元氣，因此在巧七三歲時，因氣竭而過逝。家人就把巧七送到五斗住處，交代中斗負責調教巧七，巧七本來就跟五斗比較融洽，且因她可以看出三千、大千、宇宙未來之事，所以告訴五斗兄弟很多神通之事。

巧七五歲時，年紀稍長的大孩子們有王石、林石、吳指、巧六姐妹、地母兒女、木公女兒……他們都喜歡欺負巧七，會將竹筒裝尿潑在巧七的身上，芋莆葉包著大便抹在巧七的頭與臉，種種羞辱動作五斗兄弟都看在眼裡，個個義憤填膺，但礙於對方是一大群人，而五兄弟勢單力薄，所以忍氣吞聲，只能細心幫巧七清洗乾淨，採香柴清靜鼻心。自此，巧七和五斗們結下一份很深厚的友誼，巧七還交代不要讓老一輩知道自己被羞辱的事，以免欺負她的那些人遭受長輩處罰。

天、地、海的建設

在巧七十歲稍懂人情世事之際，黃石公就邀請巧七來觀看天地，擬定整建界天、瀰天、天外天……還有「天」「地」要如何陰陽隔界，以及建設地府，包括十殿、十八層地獄、無底洞、枉死城……。

浩大的工程由「天」開始進行，在混元一炁「靈」的指導下，先用山水果祭拜一番，開始把竹子剝開編搭起棚架模型，再用土漿抹在竹架上，一片一片拼成整棟房子，第一界天的工程在大家分工合作之下，很順利地完成。凌霄寶殿與天外天也依照界天的建造方式逐一完成，七十二界天、凌霄寶殿與天外天的建設，總共花了五年的時間才把全部工程完成。

完成「天」的部分後，眾人開始再規劃十海的建設，開會討論後，決定先建東海水晶宮。當黃石公與表弟張儀研討興建東海之工程時，巧七靈魂出竅至東海水裡，看到魚蝦水卒的靈魂沒有撤退，於是以山水果先祭拜牠們，然後再把眾人於陸地上所建造的水晶宮在岸邊火化，有形化無形，再請水靈、水鬼、魚蝦水卒合力扛入東海水底，水晶宮建設工程才得以順利完成。事成再以山水果、山菜叩謝所有水靈、水鬼與魚蝦水卒的支援。爾後就按照這種模式，十海的水晶宮陸陸續續地完成。

至於建設地府的工程則是由王石設計規劃。在奈何橋的設計上，巧七建議橋上要設置扶手欄杆，王石堅持不設置扶手，還要在橋底下放出大批毒蛇，令人不寒而慄，看到者莫不毛骨悚然。特地建造一間倉庫，裡面放有虎頭斬，凡是被斬斷頭者，便往深處丟過去，然後頭被分往一殿，身體就被提至二殿，而身體上半段又被切開在三殿，下半身被送往第四殿，偷錢斬手、偷窺澡浴挖眼睛、心壞抽腸肚，各種刑具、刑罰齊全，並設計出轉輪盤，靈性分別受六道輪迴，那些枉死者全部關入

「枉死城」接受刑罰。

對於「枉死城」，巧七提出異議，說這個世界以後如果科學發達，會有車禍、意外死亡、或男眾入山砍柴時遭遇山難致死，所有天災地變受難者，以及孕婦因難產而死，也都要進入枉死城，浸在血池裡面，直至正常壽命終了才能釋放，未免太不仁道。

巧七提出十五條靈要如何安排的警訊：一條靈在墳墓（智上靈）、一條靈在神主牌（智慧靈）、一條靈則往地府清算因果（即先天的智心靈），那其餘的十二條元神呢？沒有去處就算了嗎？

地府規劃是王石徵求多數人贊成後建置，因此萬事皆依照王石的主意來執行，不理會巧七的建議，最後地府的建設歷經五年完成，王石的姑媽王母，讚嘆他的計畫，之後便稱他是「王神」。

王神的刑罰刑具完成後，巧七被這些殘酷的刑罰嚇住了，只能眼睜睜看著眾靈性被炸油鼎、過刀山及各種毛骨悚然的刑罰。地獄梯非常陡峭，軟弱一點的靈性出入也很困難。

巧七跟老一輩的說，人的十五條靈魂，在墳墓及祖先牌位處有後世人準備供品祭拜，然而到地府報到的靈魂及十二條遊魂沒人供拜，所以巧七希望老一輩能答應，每年七月讓地府受刑罰的靈性能放假，讓他們回陽世觀看親人，接受親人的祭祀，遊魂也能飽餐一頓，老一輩欣然同意，這就是地府七月鬼門開的原由。

創造九十六億人靈

巧七完成地府工程後，身心疲累想回家修養，但黃石公與天后母娘、張儀、天鳳母娘、王呆等老一輩挽留巧七，希望她再做十年造靈兒的工作。

造靈兒開始，天后的女兒幫忙捏泥偶，木公的女兒摘野菜，張帆的兒子找來野獸魚類等可吃的食物，大家盡心盡力，分工合作。

天后母娘先捏出一尊土泥偶，令四斗找適合的「斗星靈炁」及「物靈」融合入泥偶裡，再輸入三魂、七竅及五臟靈炁加以調和轉化及造化；黃石公則點開泥偶靈兒的三百六十五條關節骨頭經脈。造靈兒工作由老一輩調教五斗及巧七，學習一年後，造靈速度漸漸順暢，經過八年，巧七的紅光漸漸散失、視力也漸漸模糊，顯然身上元氣耗損嚴重，此時滿天星之「靈」進入巧七體內，扶持巧七繼續挺住爾後的兩年。

巧七發現這一世「靈」與「人體」之間沒有區隔開來，親朋、叔伯、子女、父母轉世投胎但前世記憶猶存，造成稱謂認祖……困擾，將來更會產生許多問題，因此在泥偶造靈時，偷偷地在泥偶上額印堂的地方（人稱玄關處），黏上一層厚厚泥土，靈性輪迴時就能把人的「陰」「陽」區隔開來。

因果緣由心結

巧七不認同地府刑罰方式，認為刑罰會造成靈性的惡化，王神聽得又恨又氣，可是也不肯認錯，於是就當著眾人之前與巧七打賭，若是依照巧七所說的，爾後世界會有汽車、樓房、飛機，或是對巧七有陷害之心，則巧七轉世成女眾就當她兒子孝順她；如果巧七講的話沒有實現，就要當他（王神）的妻子。於是這場累世之賭就這樣輪迴延續下來。

當時王神已二十八歲，其想法無法跟巧七的理念相同，王神逕自以為巧七看輕他，也請出黃石公出面來調解，而巧七的六位姐姐也沒有支持巧七，因為他們一直認為巧七是煞星。雖然黃石公保證，爾後輪迴轉世王神不會加害於巧七，可是巧七已然看出，知道以後輪迴還是會被王神等眾人（即王神、巧六、林石、吳指）所陷害。

巧七的五位姐姐都已出嫁，只剩巧五料理家務，有回巧五來找巧七要她回家照顧年邁的父親時，偏偏剛好巧五的喉嚨似有異物堵住，頭部也不舒服，巧七熱心為她探索緣由，雖然眼睛已模糊不清，還是伸手放在巧五頭頂上，然後告知巧五她是被施了「法」，被鎖腦、鎖喉，並詢問巧五是不是有得罪人？巧五不信巧七的說法掉頭就走。沒過多久，巧五偕同巧六以及巧六三個已長大還不會開口說話的兒子，希望中斗（文曲）能醫治她，偏偏中斗外出，巧六認為他是故意躲開他們，因此懷恨在心。

王神、吳指、林石表明很願意和巧七配合工作，然而認為巧七不願出嫁，是因為受到五斗影響，巧七告訴他們是金母之靈指示不必出嫁，但王神等眾人口出埋怨之言，再說王神所設計的刑罰刑具是由大眾多數認同而做成的，就只有巧七與五斗六人不認同，母娘又器重五斗，只教導五斗造靈（註1），凡事又比較聽信五斗的話，怨恨之心強烈升高，非得要把五斗害得很慘才肯善罷干休。

一重至九重的劫數

造靈工作十年已屆滿，滿天星靈性把巧七帶至隱密的洞裡休養，洞口用大自然石塊封住，於是造靈兒的工作就此停住。

巧六在巧七失蹤之後，就一直觀看天相，發現火星已有異常的現象，心想既然巧七已失蹤，就想接下補救火星的任務。於是巧六向母娘偷得龍拐，複製龍拐予以火化，與眾人打坐入定魂出竅，由巧六拿著有形化為無形的龍拐，帶領眾人去火星探查受損的情形。一夥人包括王神、林石、吳指、地母（天后母娘）十九個女兒與女婿、木公十七個女兒及女婿，巧六及另五位姐姐等，浩浩蕩蕩各自帶上法器前往火星。

不幸的是帶頭者走錯了方向，竟直接由北極上空出發直衝到九重（地球是十重），然而巧六並沒有查覺，於是和九重的仙佛發生衝突，一行人靠著人多勢眾，個個拿上法器，威力驚人，而九重一時之間也調集不到更多人來抵抗，巧六震怒之餘拿著龍拐四處敲打，竟把九重的氣場給震破，傷及仙佛無數，巧六不知自己已闖下大禍，一路繼續再闖進八重、七重……至一重，把一至九重天及地氣都給震破了（註2）。最後這一行人被一重玉帝聯合九重的仙佛給制服，所有人直接被一重的玉帝關禁在牢籠裡。

地球（十重）這端張儀、母娘與黃石公發覺巧六等人靈魂出竅不見了，急忙四處找尋，找到一重才知道這些闖禍的靈魂都被關在牢裡。幾經磋商懇求，並聯合保證以後會補好一重至九重天及地氣，最後一重的玉帝及母娘終於答應諒解。為了監督巧六補救一重至九重的天地之氣，一重的玉帝自願犧牲自己的王子，於巧六每一世都降生為她的兒子，緊緊纏住巧六不放，直到巧六能徹底完成任務，再帶著王子回去銷案。協商定局後才放出一行人歸回各自的肉體。然而巧六回家後，其三魂的想法並不能一致，尤其「智心靈」更把所有的怨氣都怪罪於巧七的失蹤。

第一世因果形成

五斗自從巧七失蹤後，眼看著天象的異常，火星受損情形嚴重，於是積極找尋巧七。經過八年，中斗無意間發現一隻老鷹每天都會叼著山菜到隱密的山洞，覺得很奇怪，跟隨後才發現巧七閉關在此山洞中。於是夥同北斗挖掘地道直通洞內找到巧七，五斗跟巧七在洞內商量如何補救火星的事宜。

後來巧六跟蹤五斗兄弟，得知巧七在洞內，於是四處造謠扭曲事實，說巧七與五斗在洞裡有曖昧的關係。四色光（黃、綠、藍、白光四人）也參與起哄毀謗，巧六把誤撞九重天這股悶氣發洩在巧七身上，大肆渲染造謠，使得不明事理的外人，對巧七更加不諒解。

巧七閉關十年走出洞口時，眾姐妹不由分說圍堵過來，巧六拉倒巧七，以綠光為首用腳狠狠踢中巧七臉部，造成巧七兩眼突出在外，其他色光及姐夫、地母十九個女兒、木公十七個女兒以及眾女婿也都參與拳打腳踢，直到巧七血肉模糊慘死洞口，眾人才轉身離去。

中斗趕至洞口，發現巧七已經死亡無法挽救，悲憤異常，當場用手掌自擊天靈蓋倒在巧七身上氣絕身亡。四斗趕至已無法挽回局勢，只好收拾中斗及巧七屍體，掩埋在另一處隱密的洞內。

王神、林石、吳指等人都學過道法、符咒法，巧六召集他們以咒語法抓走巧七與中斗的「智心靈」、「智慧靈」、「智上靈」，然後將這三魂裝入竹筒裡。巧六還假仁假義要以祭拜謝罪之名，哄騙四斗，從四斗口中得知中斗與巧七的墳墓所在。於是一行人來到墓地，對著墳墓繞一圈叫出一魂，就這樣一圈圈地把巧七與中斗十二條元神全部叫出來放入竹筒內，然後在山洞裡面一日三次鞭打污辱靈魂。最後拿出竹劍，由頭中心往下剖開至身體下方，要來滅掉他們的靈魂。

當巧七與中斗之靈即將被毀滅之際，黃石公、天后母娘、太上母娘之體，與金母之靈即時趕到，阻止滅靈行動，並立即為巧七與中斗醫靈，醫治完成後，母娘勸告大家不要再互結因果，然後採些山水果祭拜中斗與巧七。可是眾人深怕來世會被巧七與中斗認出過去去世的慘境而被報復，於是商定在巧七與中斗頭頂插上五方旗，再用先天與後天、前八卦後八卦施以法術，日後便可知道兩人降生時的去向。這也是為甚麼每次巧七與中斗及眾兄弟姐妹們輪迴轉世，都躲不開被他們欺侮和追殺的原因。

北斗在這事件後，質問巧六想討回公道，說：「大哥與巧七死後，你們為何還不放過他們的靈魂？」當時巧六氣憤未消，強勢甩了北斗、南斗兩巴掌，北斗順勢抓起削尖防身用的竹桿，刺中巧六正中八卦，南斗、東斗、西斗隨即補上一桿，巧六隨即倒地身亡。王神、林石、吳指聞訊，帶一群人（包括地母十九個女兒、木公十七個女兒與其夫婿）圍毆四斗致死。

林釜（註3）（五斗之父）見五斗皆死，氣憤之下找上林寶（林石之父）與王呆（王神之父）討公道，王呆見狀，只好打死自己兒子王神，林寶也打死自己兒子林石，各方親戚悲痛萬分。後來張儀（後人封玉皇大帝）對五個女兒訓話，說明巧七肩負如此重大的使命，身為親生姐姐卻不能相挺幫助，還對巧七懷有怨恨之心，害死巧七而造成「因果」。巧一的夫婿吳指聽完張儀此番話，對自己的所作所為感到羞憤，旋即自殺身亡，五位姐姐同表自責，紛紛自絕身亡。

第一世，也就是因果源頭，就這樣悲慘收場。黃石公徵求老一輩將此段歷史公布，謹此希望累世降生能夠解開因果結繩之源，使大眾同修之間謹慎，以免再踏入因果的漩渦，不要再誤解與互相毀謗傷害，了解此「因果」，當以包容與悔改之心來圓滿末境全功的第一世。期許能激勵出同修眾者，對於本身靈性究其源頭，以認知自身的「定位」與「任務」使命。

第一世的誕生，開始了命運的安排，也開始了歷史傳承，人類生生世世輪迴，傳承的原因之一，也就是要為宇宙天地盡力。

黃石公於甲申年九月七日（農曆七月二十三日）降駕敘說

註❶：五位母娘教所有小孩學習造靈工作，因為造靈工作辛苦，多數人樂得輕鬆而放棄學習，只有五斗跟巧七認真學習，所以在別人眼中五位母娘器重他們。因此五母教導五斗共同完成第一世四十七億人類靈兒而中斷，第二世五斗延續創造四十九億人靈，完成母娘造靈，合計九十六億靈根目標。

註❷：因為一至九重地氣被震破無法彌補，造成九重太陽紛紛來找十重的太陽兄弟，因而造成后羿射日故事的流傳。

註❸：無極老母的先生是王呆、天鳳娘娘的先生是林釜、金母娘娘的先生是張儀、天后娘娘的先生是林寶、太上老母的先生是吳昆。

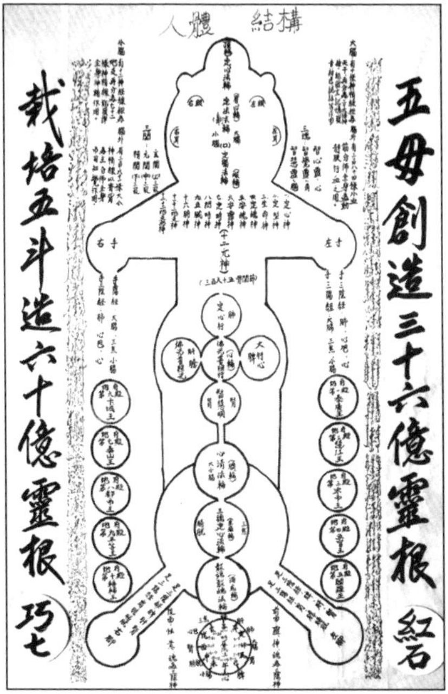

人體魂魄天干地支分布圖

2 創世紀第二世

創世紀的伊甸園遍地奇珍異草、珍禽野獸及毛茸茸的猿人動物，並無《聖經》所言毒蛇誘使亞當、夏娃偷嘗禁果之事。

伊甸園位處歐洲大陸，亞當跟夏娃兩人的前一世即四萬六千年前人類史上第一世。上帝（母娘）為了避免他們這一世再被惡靈所陷害，而中斷「人類」傳承的重大使命，所以特將二人的靈性降生於「伊甸園」。那時亞當只有七歲、夏娃六歲，降生時身無寸物，因為他們還留有智慧的靈性，所以仍保有羞恥之心。只是當時年紀還幼小不知遮蔽，就像現代兒童的赤子之心一樣。

在伊甸園內二人開始繼續第一世未完成的「造靈」工作，他們教導猿人揉土捏偶造萬物，然而由於猿人智慧低弱無法理解而成效不佳。

在伊甸園這段時間，動物們的皮膚表面因細菌感染導致潰爛，而痛苦不堪，只有亞當、夏娃倆人並未受感染。於是二人揉土捏泥製作「泥偶」，將「菌靈」收入泥偶中造化成「萬物靈」。待這些細菌被收服後，動物們也就恢復了健康。

造萬物工作需要更多人力，所以上帝在亞當十六歲時告訴他：「要延續人類智慧，需要和夏娃結合，唯有兩人結合產生人類後代，才能集眾人之力，共創天地。」於是兩人聽從上帝指示，於隔年產下雙胞兄弟，其後陸續生下子女二十多人。在造萬物這段時間，前世（第一世）共同合作的夥伴，也陸續降生成為其子孫。眾人合力加入造萬物的工作，持續到亞當一〇一歲、夏娃一百歲過世為止，造萬物靈才暫告一段落，爾後子孫們將二人埋葬，並立碑紀念。

在造萬物的過程中，伊甸園一直是祥和的溫馨之地，亞當、夏娃每日出門造萬物工作時，夏娃總是手拿花朵、哼唱跳躍，心中無限歡樂。造「萬物靈」工作帶給夏娃愉快的感受，因而常唱誦：呀勒路亞！呀勒路亞！……在一片歡愉祥和的氣氛下完成造靈工作。

夏娃愛花，但花朵容易凋零枯萎，子女們就用木頭雕成花兒的樣子供其拿握。為感念過世的夏娃母親，眾子女便將木製花朵插於其墳上供人憑弔，而後此木製花朵也就成為伊甸園的標誌。直至耶穌、聖母瑪莉亞後，又加入十字架，一併做為伊甸園標記，而這伊甸園的標誌也暗藏世界「人種」的數量分配，值得後世研究。

造萬物靈工作在亞當、夏娃去世後，因子孫無法接續而告暫停，惟子孫仍保有醫萬物靈的能力，當人類靈體受傷後可以為其醫治，就如耶穌能醫治各種病體一般。

造萬物靈就是將造好的靈性（人類種子）分布於廣大的地球土地上，使其繁殖蔓延。亞當、夏娃負責的造靈人種區域，就在現今的歐美國家，他們高頭馬大、高鼻大眼。世界人種含多樣膚色的人類，包括紅、白、黑、黃、綠、藍，為了適應高溫、炎熱的氣候，特別將泥偶漆上油脂，以保護人靈的成長，這就是黑色人種的由來；至於紅色人種則是用近似紅色泥土來捏製，藍種人的眼睛是藍色的，綠色人種目前仍住在原始森林中。

亞當與夏娃在這一世中，總共造出九十七億的「萬物靈」，和四十九億的「人類靈」。再經由「上帝」的靈性推手，分布全球各地及宇宙星球，完成生命的傳承，而這也是現今科學、宗教、玄學家努力尋找人種生命的來源！世人常問：人從哪裡來？這就是答案之一！

上帝造人是依宇宙星體的分布來創造肉體生命，再由肉體生命去創造宇宙世界的「人種」，以延續生命成長的喜悅。當肉體的生命結束後，回歸到創造肉體生命的上帝（母娘）身邊，或到上帝所選的樂園之一——伊甸園中，讓肉體生命結束後的靈性，能在安樂祥和的園地裡棲息、修行。

亞當與夏娃的靈魂（靈性），輪迴轉世為約瑟（天父）及瑪莉亞（聖母），在當時他們是遊牧民族，居無定所，但因為天父有醫治靈性的能力，因而受到人們愛戴，當時社會屬於君王時代，最怕權利被剝奪或篡位，因此天父與瑪莉亞到處被追殺，每天過著躲躲藏藏的日子，兩個人結婚也不敢散發喜事及慶祝，只有幾位親人祝賀。耶穌是他們兩位所生的長子，生這長子之前，天父就已經知道耶穌降生的職責，因此在逃亡過程中教導他醫術，耶穌非常聰穎，一學就會。夏娃的靈性則是把在伊甸園所唱的歌謠：呀勒路亞…呀勒路亞…轉教瑪莉亞，讓這首簡單的音符流傳下來。

註：上述創世紀是經由本殿之夏娃、聖母瑪莉亞來說明，筆者節錄一小段作撰。

奇珍異草伊甸園、亞當夏娃赤子心、傳承使命造靈兒、一世未成二世來、猿人智低效不彰、
菌染動物膚潰爛、揉土捏泥造泥偶、收服菌靈健康復、為延人類智慧星、母娘指示陰陽合、
多子多孫造靈兒、適應大千多氣候、黑白紅黃藍綠人、母娘分布遍全球、歡愉之心伊甸園、
年老凋零子孫悼、木製花朵立墳前、後世憑弔成標誌、依樣畫葫十字架、靈性追求同代表、
祥和修行伊甸園。

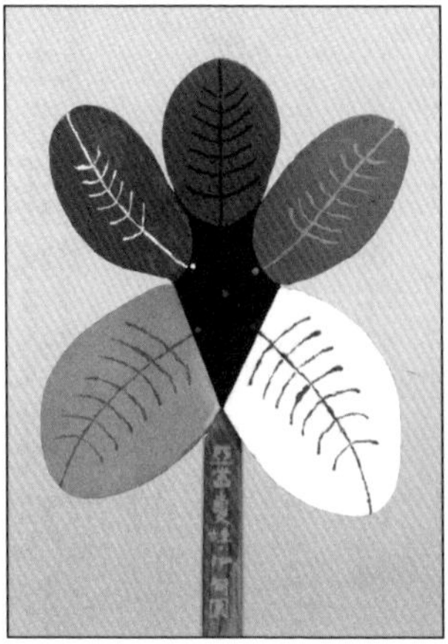

伊甸園標誌

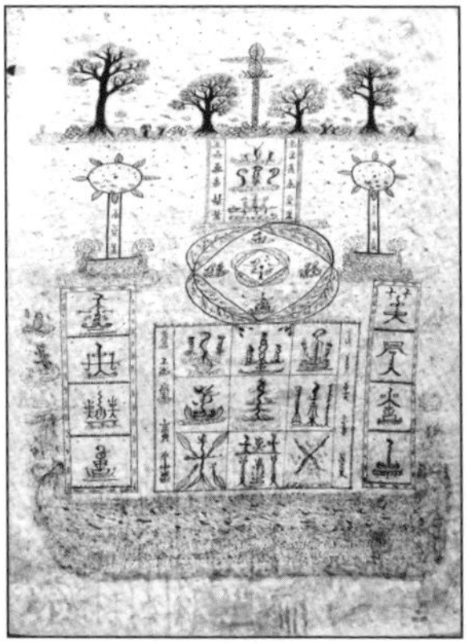

伊甸園歷史圖

3 基督教與天主教的成立

距今一千八百年前的耶路薩冷，回教門徒生產鴉片、大麻，製造毒煙毒粉，剛好又碰到瘟疫流行，所以母娘要巧七（紅光）降生來宣揚理念，喚醒世人救渡眾生，母娘認為在這一世，也能捏泥偶來救渡這些靈魂。

紅光降生人間時會有一股氣勢，而那時候的回教教主軍斯德能夠觀星望斗，望見聖母的本命星（紅色斗星）降生，也看出「紅色斗星」降生為猶洛教教主的女兒，他知道聖母的誕生會影響回教教派，因此想盡辦法不讓聖母存活，不擇手段要找聖母一家人麻煩，到處追殺他們，為的就是不讓猶洛教成為大教派，因此聖母一家人過著躲躲藏藏、一路逃竄的流浪日子。

當聖母瑪莉亞被生下來後，整個回教教派非常驚恐，回教眾徒來到瑪莉亞家中，拿出棍子想要砸死嬰兒，瑪莉亞兄長見狀將瑪莉亞藏起來，騙來者說沒生！回教教眾說：「哪有可能！明明都已生出來，怎麼會沒有！」於是往屋裡搜查，撞見一個剛出生沒幾天的小女嬰，不分青紅皂白就將她亂棍打死，然後回教眾徒回到國王及教主那裡交差。

過了十年後，教主發現為何「聖母」死了，那顆星斗還是那麼亮眼！於是又再去找瑪莉亞一行人，此時剛好有一位跟聖母家人很要好的朋友出面說：「我的女兒身體不好有病痛，就用我女兒頂替瑪莉亞受死吧！」因此聖母又逃過一劫。

那段時間回教徒一直追殺聖母瑪莉亞，逃亡期間約瑟的父親派五位兒子保護瑪莉亞他們。等約瑟兄弟五人年紀漸長，到了該成家有個歸宿時，約瑟的父親跟瑪莉亞的父母親說：「你們有五個女兒，我有五個兒子，可以配成對，這樣不是很好嗎？」由瑪莉亞配大兒子約瑟，聖母的妹妹們嫁給約瑟的弟弟們，而五位子女都是口頭許諾配對，並沒有正式下聘。大夥兒只要遇到回教那邊有一群人來造訪搜查時，瑪莉亞就得逃亡避鋒頭，等那群人離去時才敢回來。

為了保護瑪莉亞，一群人四處逃亡，身上也沒帶甚麼東西，三餐只能喝水不能溫飽，過著飢寒交迫的艱困生活。有一次在居住五年的地方再次被回教徒找到，為了逃命，他們只好將一棵大樹頭推下海，約瑟與瑪莉亞急急忙忙跳到海裡，抱著大樹頭逃離。倆人隨著海浪漂流到一個山洞，衣服都濕透了，倆人又濕又冷，只好生火將衣物烘乾，褪下衣物的倆人相擁保暖，於是事情就這樣發生了，瑪莉亞因此懷了約瑟的兒子耶穌。

後來約瑟逃回家裡，跟父母親說他與瑪莉亞兩情相悅想結婚，但父母親卻不同意，父親說：「雖然你們有婚約，但我們是有計畫地將『猶洛教』更名為『基督教』，我們必須壯大這教派，因為我們不能讓人欺負。」約瑟跟父親說：「這是你們的事情，為何我的弟弟們可以成家，而我卻不行？」

於是約瑟去找瑪莉亞的父母親談，誰知雙方父母的理念都相同，共同的決策就是他們兩位不能娶、不能嫁，其餘的四個子女都可以光明正大的嫁娶。瑪莉亞的父親說：「只有你們兩個老大不行，因為你們是帶頭者，否則我們的『教』會被回教併吞。」瑪莉亞跟父母說：「我不要當帶頭者，這個責任讓別人扛，我們不願意擔任這個『教』的領導者。」但瑪莉亞的父親逼他們無論如何都要擔這個責任，並且對外宣稱瑪莉亞沒嫁，嬰兒是上天賜來的。

兩位老人家最後決議還是不能嫁娶，對外聲稱天上降一位救世主下來，並且說：「當小孩要生下來時，我們會到外面敲鑼打鼓告訴村人，我的女兒沒嫁人所生的兒子，是上帝所賜的『救世主』。」聖母不得已只好選擇接受父母親的安排。

況且回教那邊知道「救世主」這件事，認為是個阻礙，若聖母將小孩生出來，絕對會被抓走，所以耶穌不能在家中生，而約瑟得時時出面來保護瑪莉亞。

約瑟是猶洛教，在那個時代是居無定所的遊牧民族，當耶穌誕生時家人還真的在外面敲鑼打鼓，而回教教主認為這又是來敗回教的，所以認為他們母子必除。因此約瑟帶著瑪莉亞母子繼續逃亡，當風聲稍鬆懈時就會回來探望家人。逃亡期間，約瑟、瑪莉亞一樣繼續救世，利用樹葉驅魔及開藥給人吃，因此兩人的信徒越來越多。

這段時間，雙方家長也已將猶洛教更名為基督教，教義在白天時候將男女區別開來（約瑟父親約束的），教派漸漸壯大，回教方面也就不太敢造次。但回教依然設計要害耶穌，因此聖母也不放心耶穌，但無法時時刻刻在耶穌身邊護著他，因此要求約瑟帶著耶穌出去，挖蚯蚓、獵野獸給兒子吃，直到耶穌滿十五歲約瑟過世。

耶穌有個小妹，是聖母懷第二胎所生，但聖母父母親將這位女兒送給人家養。在耶穌十三歲時，小妹的養父母病死，過世前將信物交給小妹，叫小妹拿著信物來認祖歸宗。女孩兒回來認聖母，但聖母卻不能公開認這個女兒，只能埋藏在心中。而這個小女孩因為從小給人家認養，所以這邊的祖父、祖母也不肯認她，還時常打她，最後雖然答應收留她，卻叫她去當修女，因為當修女有吃有喝不至於挨餓受凍，所以耶穌十五歲前很怨恨他的祖父、祖母。

約瑟死後教派開始亂掉，只剩下聖母掌握民心，但是耶穌卻不聽聖母的話，因為耶穌認為聖母為何不反抗父母親的意見？當然這問題也問過他父親，父親也跟他說若反抗就會死（大教派併吞小教派），但耶穌當時根本不能接受這個回答。

「天主教」、「基督教」為何又會分成兩個教派呢？其實這兩個教本來統稱為「猶洛教」，是聖母的母親所創立，原本約瑟與瑪莉亞雙方家長同意改為基督教，但因為約瑟與瑪莉亞不願擔當責任而逃家，後來聖母的兒子耶穌又稱天主教，導致內部分歧，也讓雙方父母親怨恨對方是如何教導子女的。母親會唸父親無能管教這孩子，瑪莉亞那邊的人又不希望男人來參與事情的決策，所以基督教與天主教因內部理念不合而各自形成。

當然一個宗教要成立，是需要相當大的毅力，不只瑪莉亞堅持，就連她的父母親也非常堅持，不過這事對聖母及約瑟很不公平，既然都是一家人了，耶穌卻不能叫父親、爺爺、奶奶，所以最後耶穌起叛念之心，跳出去加入天主教，宣揚天父教義，因為耶穌認為他既然沒祖先、也沒祖父母，只有父親「天父」，因此耶穌說信天父就能進天國，不信者就會下地獄，而且不用拜祖先，這就是恨意！耶穌認為造成這個恨意就是祖父、祖母害的，耶穌氣他的祖先說他沒父母親，只有阿爸(天父)。

那個時期為了團結教派力量，耶穌的祖父、祖母不得已而定下修女不能結婚，造成耶穌無父無母，所以耶穌天不怕地不怕，他不想認這些親戚，只認這位他稱之為「天父」的父親，故傳教時他都說要信天父，當爺爺奶奶過世時，耶穌不能奔喪也無法與他們相認。

耶穌說要信天父才能得救上「天國」，這也是因為回教欺人太甚！再加上耶穌怨恨他的家族而只認天父，所以於「天主教」時稱「天父」。耶穌的祖父、祖母們說他是神賜予的，所以耶穌的父親是神，故耶穌沒父親，聖母也沒嫁人，因此才會有修女到死都不能結婚的教規。

這天，耶穌在家中而其他人去外面宣揚教義，家裡人數所剩不多，此時耶穌的心腹竟跑去跟回教教徒告密，出賣耶穌。約瑟已死，現在只有瑪莉亞一人，她眼睜睜看著兒子被抓走，不知怎麼辦才好，聖母一直求他們放過自己的兒子，但他們還是不放人，一直拖著耶穌離去，聖母一直爬、一直哭，哭到眼睛都滴血，他們還是不肯放手，還一路對著聖母他們灑毒粉、噴毒煙。

耶穌記得約瑟在保護聖母時都會念咒語，因此當耶穌被釘在十字架上，回教教主念咒語、法語，請出無形的法來罩住耶穌，讓耶穌靈性無法脫身並攻擊耶穌時，耶穌也用天父教他的咒語來加以抗衡。

當耶穌從十字架被移下來時，聖母與約瑟的兄弟在墳墓裡幫耶穌進行靈體治療，雖然救活了耶穌，無奈受傷過於嚴重，加上失血過多，耶穌只多活了幾天，而耶穌也利用這種神蹟來堅定信徒要信耶穌的話。

耶穌復活後，留下遺言要求聖母來掌控這兩個教派（天主教、基督教），聖母為了穩住嘔心瀝血經營的教派當然義不容辭，但「基督教」與「天主教」還是因意見多而不合，讓聖母身心憔悴，自認無能而氣死。

約瑟一生只為兩人而活，一是保護瑪莉亞，一是保護耶穌並護持「基督教」與「天主教」壯大。天父（約瑟）在耶穌誕生前知道「上帝」派耶穌下來的使命，所以為了孩子平安，發願若嬰孩能順利生產、成長，願意「奉獻」愛子來救助世間受苦難的世人，由耶穌來揹十字架（伊甸園聖誌）的重大責任。天父並再發願，肉身過世後，返回「伊甸園」，引渡善良眾生的靈魂，繼續修持，回歸上帝身旁。

所以約瑟死後，耶穌與聖母繼續行醫救人，而約瑟的靈性依然依附在耶穌身上，聖母將「光」送入耶穌身上，讓耶穌看見他的父親在他體內陪伴他、與他同在，耶穌才知天父時時刻刻在照顧他。所以約瑟在基督教時期有盡到心力，雖然天主教沒能參與，但靈性依然時時刻刻推動耶穌去完成使命。

《約翰福音》十七章第十一節，主耶穌基督跟他的父親本是「合一的」，耶穌說：「我在父親的生命裡，父親在我的生命裡，你不信嗎？我對你們說的話也不是出於我自己，而是在我生命裡的父親親自做他的工作。」

紅光降生瑪莉亞、遊牧民族猶洛教、觀星望斗誤煞星、政府追殺逃亡路、約瑟聖母雙親配、
明媒正娶無法行、聖母懷胎傳天賜、猶洛傳承基督教、聖母盡心遭怨懟、耶穌傳誦天父能、
基督天主兩教分、耶穌心腹來告密、各宗各派又批判、頭戴荊冠背十架、步履蹣跚遊四城、
聖母跟隨哭又爬、紅腫雙眼淌滴血、十字架上釘耶穌、天父咒語禦無形、一縷氣息移墓穴、
兄弟聖母靈體治、救活耶穌顯神蹟、傳誦教義昭天下、和睦相處萬教歸。

4 瑪莉亞、天父、耶穌的事蹟

聖母瑪莉亞自小就天賦異稟，十三歲時夏娃的「原靈」來教導瑪莉亞如何引渡靈魂至「伊甸園」修持，瑪莉亞能夠看到世人病痛的根源，也有辦法跟這些無形的靈性溝通，見到靈魂受創得到病痛時，則指使「天父」來醫治。因夫婦二人有醫治病人的能力，在當時回教獨大，不能相容其他教派的心態下，被當成邪惡巫術而被追殺、驅趕、迫害。

聖母與約瑟逃亡期間依然救助世人，他們利用「樹葉符敕令」驅魔及開藥給人吃。約瑟有四個兄弟，他們是東、西、南、北四個「斗星」來降生。約瑟十七歲

耶穌受難遊四城圖

時第一位救治的是一位教主，這位教主長了一個很大的瘤，瘤裡面是個人形，一般人稱作死嬰。當時要醫治的時候，約瑟並不知道她是一個教主，心中只想要救她，因為她為了這個癌瘤想要自殺，瑪莉亞知道她身上背負教眾的無形冤業，這些無形冤業包覆住這死嬰而形成癌瘤，於是瑪莉亞將「光」傳賜給約瑟，其他四位兄弟也一起送「電」給約瑟，將這人的瘤弄破，順利醫治好。

有位「徐教」教主，他每天頭痛得厲害，瑪莉亞看出他是背負著眾教友的業障，所以瑪莉亞捏了些泥偶，以自己所擁有的能力，將這些眾生靈驅離開來，拜託約瑟將這些眾生靈引進泥偶醫治，將眾生靈醫好舒適後，送往極樂世界修持。

另外有位「天教」教主何生，每天清晨五點起就全身開始痛，痛到想要自殺，碰巧讓聖母他們遇到，這位教主也是因為背負弟子的冤業，背負到想自殺，於是再造泥偶一對，約瑟將手放在教主頭上，將依附在他身上的冤業靈性驅趕出來，引入泥偶造靈，再將教主自身靈體醫治一番，醫好後教主身心非常舒服，於是教主跟瑪莉亞、約瑟說：「我這個教有五百多名弟子，想請聖母你們加入。」聖母說：「你的病醫好就行了，我們有我們的職責！」

有一天，一行人碰到「黑教」教主烟客，他身上長了一顆很大的瘤，可說是病入膏肓，約瑟同樣將手搭上去，瘤裡面的靈性通通被趕出來，這個瘤消退後留下傷口，於是採藥敷傷口來消炎止痛，醫治完時烟客說他的教派裡有很多教友有這種病痛，希望聖母他們能來這個教派幫忙，聖母跟他說：「去幫忙治療可以，但要加入你的教，我們不能答應，我們是自由派。」教主答應聖母所言，並且答應要保護他們的安全。

黑教教友裡面有個人的臉頰上長了顆很大的痘痘（瘤），一直垂下來，教主帶著聖母一行人到這個教徒家裡準備醫治他，這個教友每到晚上就開始痛，痛到幾乎受不了，聖母跟他說這個痘痘還未成熟，需要等熟了之後再來處理比較好，同時聖母也跟無形的靈性溝通，請它們趕快長大。

在等待的同時，教主也一直介紹人來，請聖母、約瑟幫他們醫治，所以聖母及眾人就暫時住在教主家，直到那個痘痘成熟。這時聖母跟約瑟說這個痘痘要等到更熟應該更好，但我們長時間待在這裡做客不太好，而且這個教主一直找人來讓我們醫治，若是回教他們知道而來抓人那該怎麼辦！於是請那位長痘痘的教友來，用小刀將痘痘劃開，約瑟順便叫耶穌學習，用擠壓方式將膿及血擠出來。

完成醫療後，這個人又介紹一個叫約摩的女子，她的胎兒因為頭在上、腳在下，且被臍帶纏繞住而生不出來（難產），聖母說只要解開臍帶就會生，而約摩肚子這時痛到受不了，於是聖母叫約瑟用他的手去推轉這婦人的肚子，解開纏繞的臍帶讓胎位歸正，胎位轉正後，嬰兒頭就朝下，順利生下個男嬰，聖母、約瑟幫他取名為漢忠珠。之後約摩經常幫聖母宣傳，讚揚聖母。

逃亡中遇到一位想投海自殺的人，這個人屬於「山教」教派，他有疝氣的毛病，每天活在痛苦中，太太很年輕也很漂亮，但老婆都說他沒用，讓他覺得很沒尊嚴，所以想自殺了結自己。他把這些問題跟約瑟、聖母說，聖母跟約瑟叫他躺下將褲子脫掉，然後遮塊毛巾，借約瑟的手將睪丸往上推，推到定位調整好，原來這個人會得疝氣是因他的腸子有下垂毛病，而這種病痛是靈性受創的一種先天病症，所以約瑟順便以醫靈的方式將它醫好。經過一個禮拜休養後返回家中，原先太太嫌棄他的毛病都消失了，所以太太非常歡喜，殺雞鴨辦一桌豐盛的大餐來感謝聖母他們，聖母趁機開示他太太，無論丈夫如何、身體又如何，不可以在外面有其他的人，這是女人的本分，希望你們兩位白頭偕老，永永遠遠愛下去，不可半途離異，才不會枉費我們那麼辛苦地醫治好妳先生。

之後這女人又拜託聖母，說他小妹情況也是一樣，先生也都沒甚麼反應，想請約瑟去看看，約瑟馬上答應請求。到達小妹家後，檢查發現有一個無形的鐵環扣住她先生生殖系統的精液尿道口，因此平時尿尿就會疼痛，勃起會更緊綳又痛，於是約瑟動手將那無形的扣環拆除，拆掉之後上廁所尿液量恢復正常且不會痛，行房也能如意，所以這對夫婦非常高興。

爾後又有一位回教女教徒偷跑出來當聖母信徒，若是不小心就會被回教徒抓回去，她身上長了個肉瘤已十幾年，這肉瘤像個人頭還有頭髮（未成形的雙胞胎），這個女孩肚子漸漸大的時候，被父母親認定是在外頭有男人而懷孕，因此被家人怪罪、責打，然而其實並沒有，她只是肚子內長了個肉瘤而已。經約瑟醫治完後用藥草連續敷一個禮拜，也用藥草鋪床讓她躺在上面睡覺，讓她聞藥草味道來調理身體。

聖母與約瑟在逃亡途中遇到得到病痛的世人，都會出手救治他們的「體」，讓他們的體舒適。約瑟怎麼會有這麼大的能力呢？其實這就是「光」與「電」的配合，再加上約瑟兄弟的「靈」力配合協助，來醫治那時候的人體。之後瑪莉亞的大嫂、小妹都一起加入，讓瑪莉亞與約瑟的「光、電」力量更強，這個時期還是屬於猶洛教，那時候瑪莉亞的母親稱讚瑪莉亞很行，能跟約瑟一起配合醫人、救人，並能採藥醫治百姓。

約瑟（天父）在耶穌小時候即教導其「醫靈」的工作，耶穌聰穎異常，一學就會。當耶穌十三歲時，因為醫治受傷的同伴，而被回教知道，於是又再次受到追殺、迫害。自此耶穌加入傳道工作，開始傳道廣收門徒，並教導世人做人處事的道理，宣揚「伊甸園」的美景及唱誦詩歌，因為只有靈性的認同與信任，才能幫助病體快速痊癒。

約瑟在耶穌十五歲時過世，而耶穌十七歲時開始行醫救世，他第一次行醫救世是在山區碰到一位長瘤的婦人，耶穌遇到這位婦人時她幾乎昏厥，幸好「天父」

（約瑟）的靈性護持住，才不至於昏厥，但是這婦人的膿瘡已破在流汁液，於是聖母將手搭在耶穌的手上，送「光」給耶穌，利用耶穌的手伸入膿瘡裡撈擠，而約瑟的兄弟們也同時送「電」給耶穌，讓耶穌的手在膿瘡裡治療，這個瘤流出來的膿汁有二十斤重，當這個瘤膿擠出來後，腫瘤就慢慢消退，聖母於是用泥土捏出泥偶，將泥偶點好五臟六腑後，再真摯的請這些無形靈性進入泥偶裡造靈。

當時正流行瘟疫，耶穌與聖母一直在行醫救人，剛開始行醫時，耶穌因為不知曉約瑟的靈力在自己身上，身體因為靈性的力量而發熱，會有痛苦的感覺，有些不能適應，且透露見到聖母時他的心情就會非常愉快，在幫別人醫治的時候，一定要聖母在身邊，因此耶穌請聖母用「第三眼」幫他看看為甚麼？

聖母將「光」送入耶穌身上，讓耶穌看見他的父親約瑟在他體內與他同在，這時候耶穌才知「天父」靈性依附在身上，時時照護著他，也讓耶穌傳道時屢顯神蹟。

耶穌宣揚天主教、崇拜上帝與天父、上帝創世人所歸、約瑟天父隨身行、聖母慈心播天下、
伊甸聖誌渡眾靈、約山聖經傳福音、佈道說法萬靈聽、各國建築具風格、牆角壁窗皆萬靈、
祈待救渡未了時、適逢妙法蓮華會、繪出眾靈心頭願、收法破法渡眾生、萬佛萬道萬萬教、
天命職責各所長、相容互通勿批評、萬教歸一見母娘。

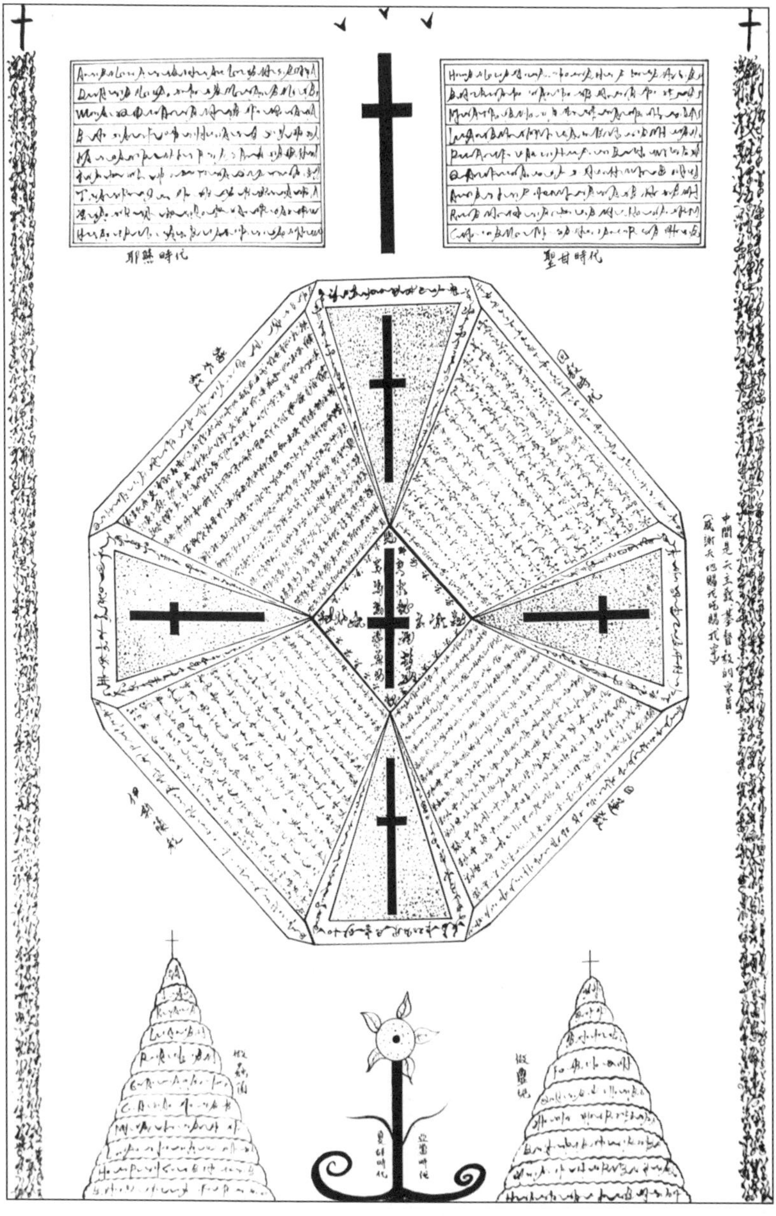

五大宗教經文總圖

各國「聖母教堂」萬靈圖

第二章

【道】脈傳承歷史

1 道脈由來

道法起源

恐龍在白堊紀末滅絕後，此時的地球尚未有人類，只有動物及猴群，恐龍被深埋地底，靈性不安常造成地震，且靈性常任意附身其他動物身上，操控這些動物，造成動物瘋癲自殘而死，因此炁化成靈的王母娘娘轉化成猿猴，想盡辦法來鎮住這些靈性。牠坐在地上思考，用草枝、樹枝來排卦，以卦陣將恐龍的靈性鎮鎖在地心深處，再將卦燒掉，而這些用樹枝排出的卦就是先天「皇極卦」，人們尊稱「皇極老母」就是這位王母娘娘轉化的猿猴形態。

直到有人類開始，人們為了生活的起居便利，思考如何縮短時間，用更便捷的方法完成，也為了適應春、夏、秋、冬的季節更替，及觀察天、地、風、雷、水、火、山、澤的變化，因此展開「皇極卦」的變化多端，從一炁、兩儀、三清、四象、五行、六合、七星、八卦、九宮、十天干、十一法相、十二地支乃至八八六十四爻再衍伸變出更多的卦理……方式來記錄，方便法門漸漸演變成「道法」。

四萬六千年前，母娘創造人類第一世，開始建造天府、地府、地獄、海底水晶宮工程。這時期的陰、陽沒有分界線，在陽界之人會看到死後靈魂，這些靈魂包括父母、親人、祖先……見到他們在地獄遭受刑罰而受傷流血，雖然五斗能為他們醫治好傷痕，但一會兒又照樣流血，因此「母娘」認為必須要區分界線，這時才開始分出陰、陽、地府的結界。

沒有人類前的萬物靈性眾多，這些靈性生生死死沒有受到因果牽纏，造成因果業力在人類第一世才開始。當人類第一世建設地獄時，每個地獄都設有「穹頂蓋」，蓋上面都有黑卦鎮住，再用六道黑符、鬼符封印住，避免地獄靈性隨意進出，這穹頂蓋還包括各城。

那些被收服的萬物靈性，分類送入地獄各洞穴封印鎮住，當然也包括所有人靈、獸靈、蟲菌……。獸靈在有人類前就已存在，不過這些蟲菌、獸靈絕對無法投胎轉世為人，除非經過五斗造靈轉化。五斗將牠們皮骨脫殼摘除掉，然後送到一〇八界天修持完滿，才有辦法轉世為人。

道脈起源

中國五千年前五位母娘、鴻鈞老祖、三清道祖時期，開啟道法先驅，而這道法道脈則是由鴻鈞老祖、混元一炁、道元三位開始傳下。那時獸靈正是猖獗，鴻鈞單名「樹」，在年紀很小時因為家庭窮困，所以父親都會帶鴻鈞去山上檢薪柴，當鴻鈞十來歲時，他們撿柴遇到虎、象……被野獸圍住並撕咬他父親，鴻鈞跟獸靈說：「你們不要傷害我父親，我們真的很窮，沒銀兩買柴火才會來山上撿拾木材。」而這時候他的父親已經被老虎咬斷一條腿，並將腿吃掉。電光石火間，鴻鈞趨前揹起父親往山下逃跑，半路上碰到他的小妹，倆人一起攙扶父親回家。

父親傷重沒法撿柴薪，兄妹倆只得自己去撿拾，而混元的父親也是一位撿柴者，他來到鴻鈞家，見到他們年紀這麼小就去撿柴薪太危險，因此跟鴻鈞說：「我認識你們父親，你們在家就好，我撿柴給你們。」鴻鈞雖然婉拒，但還是接受他的好意。

哪知混元父親在山上也同樣遇到老虎侵犯而受傷，鴻鈞趕快揹他回家，混元這時還只是個十六歲的孩子，鴻鈞跟混元遇到這種事還真不知該如何是好。倆人談到這些野獸在山上欠缺食物，就會來平地吃人類，不知該如何是好！

此時林茶（地母）、金母（瑤池金母）等一些善心人士，聚集商討應付獸靈的對策，道元是另外一個庄頭人士，他找鴻鈞、混元說：「我們三人無論如何都要把這些獸靈趕離這庄頭，讓牠們往更深山去。」

村民們整天提心吊膽度日，深怕這些野獸來侵犯，因此招集村民開會，三人聯合開創集會「道場」，每天早晚練拳腳筋絡保護村民，讓妖魔獸靈不敢放肆，想修練、想行動的人都可來參與，道場一律不收銀兩，而是自發性的贊助，有錢出錢、有力出力，母娘級的地母、金母、鳳凰母……都來道場協助。

為了抵禦妖魔獸靈，所以道場創立後，來拜師習藝的弟子不計其數。「道脈」因而從此時起源，再由三清（元始天尊、道德天尊、靈寶天尊）傳承下去。

所謂「獸靈」，就是野獸死亡之後的靈魂，或者在六度空間未曾誕生的野獸靈性，「靈性」在野獸誕生之時或成長階段，進入野獸身上展現野獸特性。而且這時期的這些魔妖獸靈都有辦法侵入人體為非作歹，人體被侵入後，就會獸性大發強姦婦女，或者附身婦女狐媚男人。婦女被強姦懷孕而不敢回家，在外面生下無辜的小孩，造成整個庄頭大亂。因此地母、金母、母娘們會在路邊、草叢、空屋等地撿拾嬰兒，並交代女兒到外頭尋到小孩後抱回道場，但鴻鈞、混元、道元是男人，不知如何照顧，只好交由母娘來帶。

鴻鈞、混元、道元、母娘們商討該如何處裡困擾村民的獸靈事件，因此母娘祈求上天賜一位有天眼，能見又能通的六通靈性來做「我」的兒女，幫助鴻鈞、混元、道元。

天界中天的中斗聽到他們的祈求，就來降生道德，而「玉皇大天尊」也指派巧七下來幫助道德完成「道脈」，原先巧七不願意，拖到地母生最小的女兒前才同意，因此巧七降生為地母第九個女兒名為九鳳，協助傳承「道脈」。

九鳳十歲見到道元，認出他是前世兄弟西斗，而這時候的道元父親已經被老虎吃掉。狗有狗靈、貓有貓靈，老虎也是虎靈來附虎體，然而並非所有虎靈都是兇惡的，也有虎靈是善良的，善良的虎靈於此時期藉由道元之體附身，然後勸那些來犯的虎靈，並且將牠們趕離庄頭。

因為虎靈附身於道元，使得其他老虎想要吃道元而無法得逞。道元（虎靈）將這些惡虎驅走後，過幾天還是會再來侵擾村莊，因此虎靈一直護著村里，不讓外來老虎進入。也因為這隻虎能護佑蒼生，所以「玉皇大天尊」封牠為「虎仙、虎爺」（如今已升格敕封為「虎神」）。

在這時期，村落內出現很多魔及獸靈作亂，這些魔獸平時躲藏在靈穴中，譬如樹妖躲樹穴、蛇妖住蛇穴、蜘蛛藏蜘蛛穴、虎穴、猴穴……當牠們肚子餓時，就出來依附到人體內覓食，被依附的人心智受影響就會呈現恍惚狀態，行為舉止都有野獸特性，於是家人就會帶他們去收驚，嚴重時還會造成「人」死亡。

林茶（地母）年輕時就能通靈性，可以看出惡靈、妖魔、獸靈，因此看出庄內男性被妖魔獸靈入侵，性侵老母、子女等亂倫事件，造成親人五倫不分，非常痛心。且獸靈附體強姦婦女又毀掉人體，道德父親就是被妖魔附體後撞頭而死，玄玄的父親也是被獸精害死。

九鳳十六歲時，鴻鈞、混元、道元收九鳳為徒，藉由九鳳能通、能看得到這些獸靈，希望她來協助降妖除魔。除了九鳳之外，她的兄弟姐妹各個都被獸靈附身過，也都想毀掉自身肉體。被附身之人獸性大發，力大無窮，旁人無法近身，只能以繩子綁住，因此大家一起研究怎麼治服這些妖魔獸靈。

於是鴻鈞道祖悟出各式陣法，研究出「符咒勾魂法」，能隔空將附在人身上的獸靈或妖魔勾魂出來制住，再把這些妖魔靈性送到各地獄，將色獸靈送到「色魔地獄」封印住。

鴻鈞、混元、道元、五斗（東、南、西、北、中）等人平時幫人驅除體內的魔獸靈，並且講經說法、修練身體，教導人們設陣法及符咒法來抵禦並趕走兇惡的壞靈，庄頭因此平靜了一段時間，道場、道法、修練繼續傳承，因而「道脈」開始流傳至今。

二〇一七年四月八日降諭

鴻鈞時期勾魂符咒

2 符令的認識

我們常見符咒令法時，首先會見到「符」咒令法之上頭會有三個勾，這三個勾並不是所謂的三勾，勾是一長一短，而這勾是等長的勾，稱為「爻」，三爻代表對三清道祖的尊敬。

「符」可分區為符頭、符身、符膽、符腳。符頭就是三爻，符身是兩邊等長，上面會有三個圓圈代表三清，在符令之下得放置一顆「心」，這就是符膽，膽下則是內容物了，完成之後最下方應該會有橫筆為符腳，兩邊各有三點，這三點也代表三清，如此整體上才算完成一個正統的符令法。

符令的起源要追溯到五千年前，中國受到妖魔獸靈侵擾，鴻鈞老祖、混元一炁、道元是要好的朋友，在庄頭成立道場對抗妖魔獸靈，聚集村民修練功夫，學習符咒法來制服妖魔獸靈，而鴻鈞老祖年紀最長，頓悟也最深，所以當鴻鈞老祖過世之前，將「天道（靈氣）、天地（靈氣）、宇宙日月精華（靈氣）」三才交託于「元始」，將天地萬物之靈氣交于「靈寶」，符咒、令、法交于「道德」。

當鴻鈞老祖把「道法」傳給這三位好徒弟之後，道統才正式傳承下來，等這三位好友完成使命之後，分別受封為道德天尊、靈寶天尊，元始天尊，就是我們所稱的「三清道祖」。所以開符咒令法時，三爻代表對「三清道祖」的尊敬。

因為在魔獸混亂時期，上天又再指派中斗（道德）降世太上老君、南斗（靈寶）為太乙真人、西斗（道元）為太上道人，繼續傳承「道脈」符咒法。

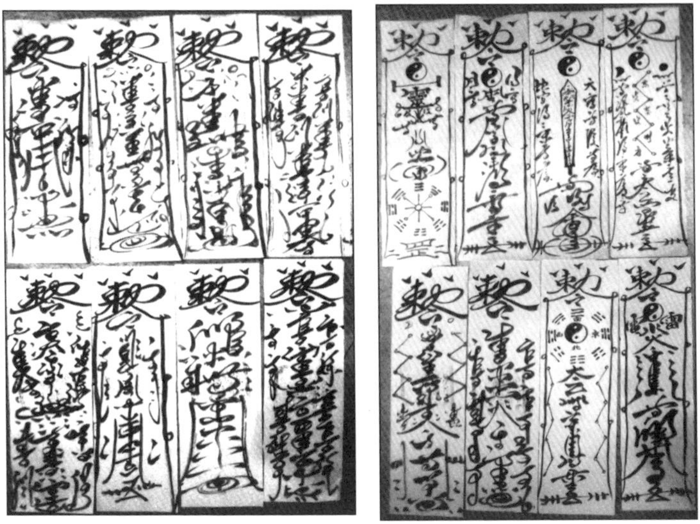

符令

破解符咒總旗

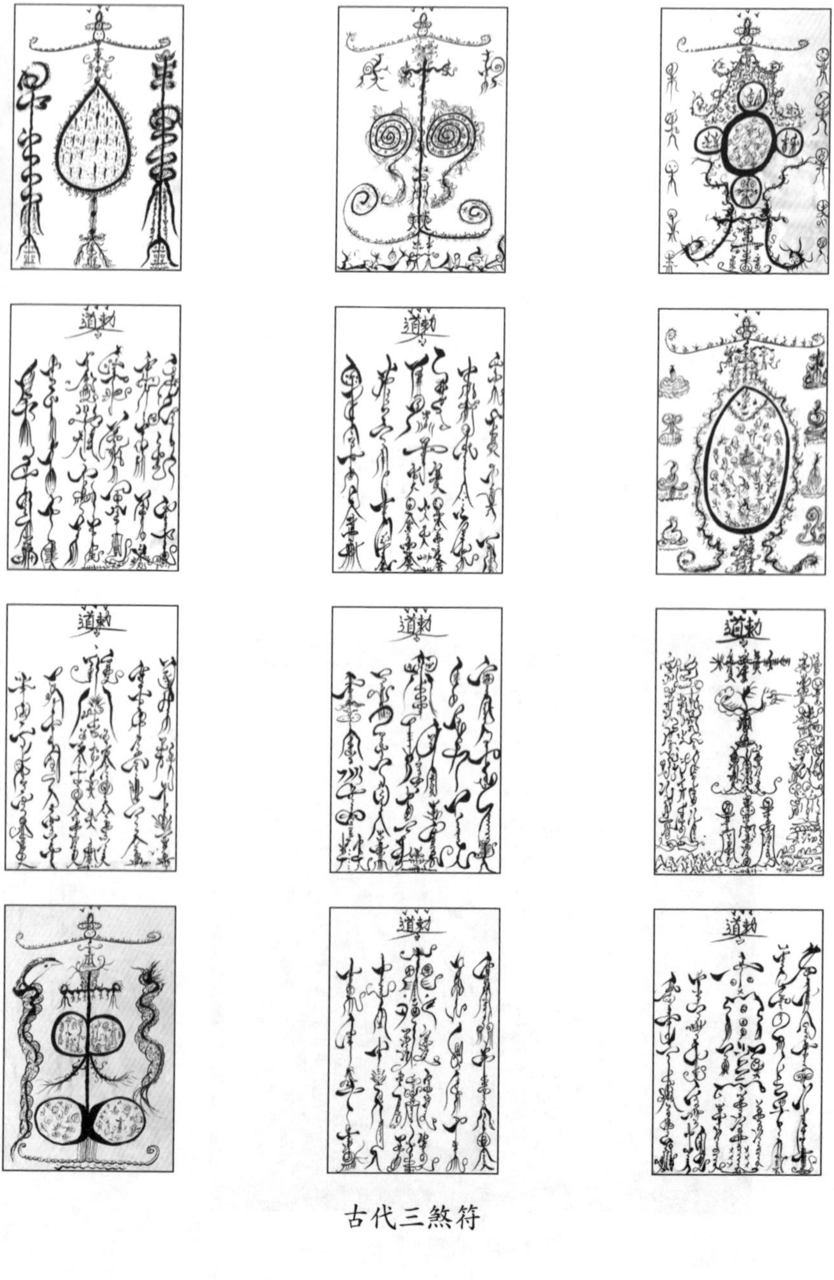

古代三煞符

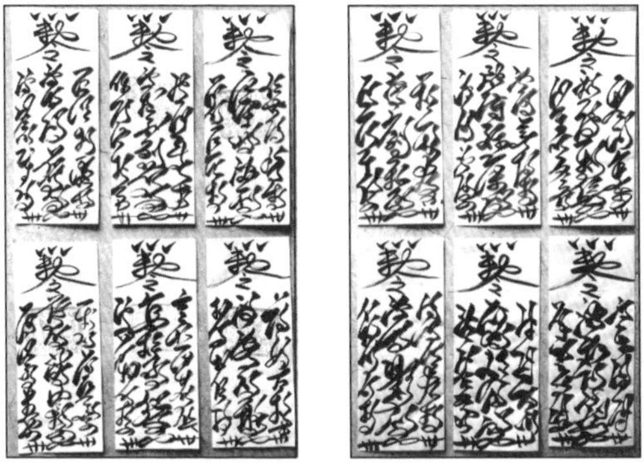

三千解靈符

七輪脈符

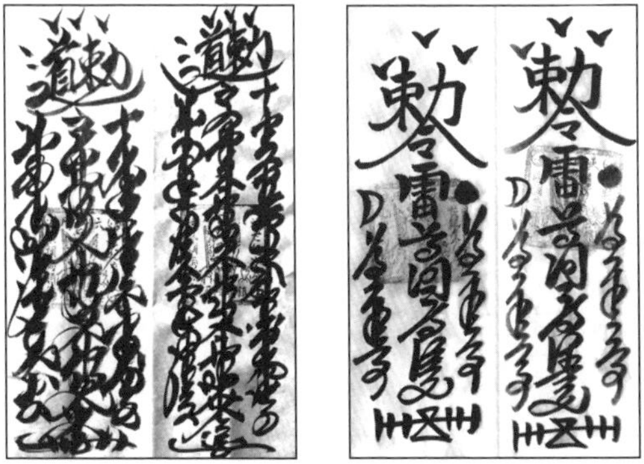

一般破解符

五斗符

三清符

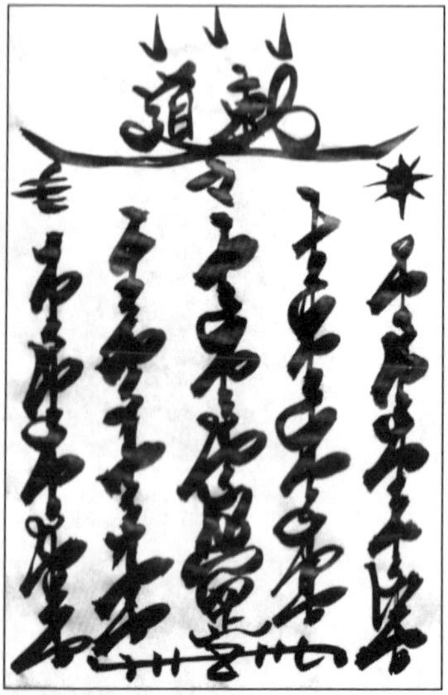

鴻鈞道祖開的破解
陰陽合和符

道德天尊開的破解陰陽
合和符

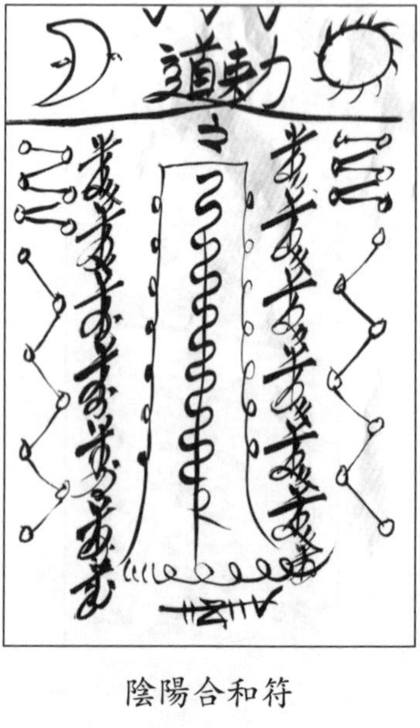

陰陽合和符

3 九龍九鳳的由來

從古至今，「九龍、九鳳」為皇室至尊護體的吉祥物，民間所有的宮、寺、廟都會將牠們列為守護神獸，宗祠喜慶也將之搬上檯面，然而從沒有人知道「龍」、「鳳」是何物？也未曾有歷史記載，古今學者常以自身修為來認定解釋而已。有鑒於此，母娘降鑾敘說牠們的由來。

大約五千年前，中國很多村落出現魔獸作亂，這些魔獸以樹妖、獸妖為主，當牠們肚子餓時，就會出來依附到人體覓食，被依附的人獸性作祟，心智受影響而胡作非為、精神恍惚、五倫不分，甚至還會造成人們發瘋與死亡。

地母（林茶）能通靈性，她見村落因為妖魔作怪，造成人心惶惶，所以非常痛心，為了要與妖魔對抗，地母在樹叢、深林，找來九隻爬跳長觸角的蟲體（類似毛毛蟲），再從天上調引思維比較單純的炁化靈性進入蟲體，「炁化靈性」與「蟲」體結合後，訓練牠們與妖魔對抗，爾後這九條長蟲就是世人所稱的「九龍」。因為世事都需陰陽配合，九龍屬陽，所以再找九隻漂亮山竹雞來陰陽配，這九隻山竹雞就是人稱的「九鳳」。九龍、九鳳就在地母訓練下，聽從號令，共同協助母娘及五斗們與妖魔對抗，一一將妖魔制服，弭平妖魔巢穴。

九龍、九鳳就這樣成為地母及三清道祖們的得意助手，因為牠們是具有炁化靈性的動物，也具有繁衍能力，所以每當施法、護法、護體……都會請牠們協助，九龍、九鳳就此流傳下來，成為摸不著、看不到的神獸。

九龍九鳳協助辦事時也是會受傷，因此辦事結束後需要醫治，這點我們都該了解，同時也應該知道，他們就像仙佛千百億化身一樣，所以娑婆世界才會有那麼多的九龍、九鳳被請下來辦事。

4 三清道祖的故事

前面提到中國五千年前，部落村莊出現魔獸作亂，地母（林茶）跟老一輩們商討，共同求拜天地降一些好靈來救女性。地母母親陳葉要林茶結婚生子，將來才會有好靈降生，所以地母奉命嫁游木火，生了兩男九女（九女就是俗稱之九鳳），同時木公和林田結婚，也生了很多子女。

一場地震造成房舍損毀，木公、地母一行人搬入庄內，入庄後認識林道德一家人，道德母親叫金阿仙，為人慈悲，也求上天降些好靈救大家，跟地母眾人的理念一樣。

林道德家中有五男一女（巧一、巧四也降生其中），靈寶（南斗降生）是道德如表親戚，母親叫林色，生下兩男五女，林色為人親切慈悲，會收驚、祭改（制煞）救人，靈寶與道德經常一起研究道法。

時間過得很快，這群仙女、斗星降生的一行人長大成人，玄玄（北斗）、善德、善根（甲申）、善良、九鳳與白雪、白露姐妹都是好朋友，也很相知相惜又相愛。

但惡靈豬哥精又作亂，所以大家一起研究怎麼制服這獸靈妖魔，道德父親就是被妖魔附體撞頭，頭碎而死，爾後又附道德身上，也要道德去撞頭，適時被九鳳看到，拿繩子將他綁在床上，救他一命。玄玄的父親也是被獸精害死。

地母母親認為魔不只一個，因此下達指令，請九鳳、道德一群人想出除魔方法，九鳳建議要設計命羅盤，用命羅盤可以找出壞靈妖精，讓他們無可遁行藏身，但白雪、白露聽不下去，不以為然。

村落裡因妖魔作怪而人心惶惶，五斗（東、南、西、北、中）平時幫人驅除體內的妖怪，並且講經說法，教導人們設陣法來抵禦。當一切準備妥當，眾人開始備五寶找妖靈，照妖鏡照到哪就殺到哪，他們手拿馬尾掃、鈸、命羅盤……法器，用命羅盤找出妖魔的巢穴，以馬尾掃鉤釣牠們出來，用鈸的振聲轟牠們出來，然後一一將牠們制服，弭平妖魔巢穴，趕走很多兇惡的壞靈，庄頭因此平靜了一段時間。

白雪喜歡道德，想要跟他結婚，但被婉拒，白雪提議大哥先與六妹結婚，但地母說其個性不好又吹了。白露也想與靈寶結婚，但靈寶母親說老爸剛死沒心情，以後再說吧！

大家常到地母家聊天，探討一些包括小孩收驚等事情，道德跟地母說自己被入體的情形，而且發現地母女兒九鳳來照顧自己的時候，感覺精神很好很舒服，甚至眼睛會發亮，可是白雪來時好像會吸我的氣，感覺很不舒服，於是地母就說：「我來看你們是什麼本命星！」

地母看出道德是「黑雹石」、九鳳是「紅雹石」，所以倆人合得來；白雪是「紫微星」，與「黑雹石」合不來。靈寶也請地母幫忙看，地母說他和三鳳「白光石」能合得來，與白露無法合得來。之後很多人來找地母看本命星，地母都實話實講，道德與靈寶也因此更常去找地母學習及商討事情，對此白露、白雪都很不高興。

不久，傳出有五棵樹會吃人，人被樹根吸進去後會變乾屍，而樹會流血。九鳳的阿公、父親都被樹魔吸進去而慘死。當鴻鈞老祖觀察回來，知道樹魔是五行變化而來的，於是跟地母說希望勸化這五棵樹靈，絕對不能用砍的，因為會傷到她的先生和老爸，以及那些被吸進去的靈性。

道德提議到樹前假裝辦理結婚，由道德、九鳳一組，靈寶與三鳳一對，善德跟六鳳配，一起來到樹前假拜堂，將老爸、親人及所有好靈引出來後，立即擺出五行陣法砍掉五顆樹。

白雪得知道德結婚一事後非常生氣，因為得不到自己所愛的人，於是憎恨男人，對男人產生強烈的報復心態，她挖了一個窟窿，造陣法練習妖術，到處找即將結婚的男人，將他們推下去變成白骨，並且用他們的頭顱做手杖，身體骨頭用來造陣法，吃人的骨髓練邪術，要來對付道德、靈寶，一共捉了十二位男人。

道德發覺白雪舉止怪異，白天包著頭巾，晚上才來找他們，而且她的臉色蒼白。有一天道德母親生病，九鳳過來探病，白雪也來，兩人交談之後，白雪表示正想學看人的本命星是如何？九鳳告知看本命星是先天的，不是現在能學得來。白雪碰一鼻子灰，心裡想著捉九鳳的大哥來報復她，沒想到被九鳳看穿，一言道破：「妳想捉我大哥！」白雪嚇了一跳！才知九鳳很厲害。而九鳳也一直提防著白雪，怕白雪真的到家裡捉走大哥。

白雪、靈寶、道德、道元（暗戀九鳳）一行人各有暗戀之對象，所以常到九鳳家走動。地母告知本命星要合得來才可以，所以地母配對，將九鳳嫁道德、三鳳嫁靈寶、道元娶四鳳、玄玄娶五鳳、善德娶六鳳、善良娶大鳳、善根與木葉，並說要陰陽交配，配合傳「道」法。

九鳳不願結婚，認為自己練功夫來除魔即可。地母說：「這是你們前世未完成的使命，九鳳是嫦娥、道德是后羿，你們是被害死的，妳要聽話才能完成使命。」在眾姐妹相勸之下九鳳答應了，地母促成婚事也拜完天地，然後用花轎送他們去親家。九鳳得知白雪很生氣，就與道德商量要讓她做大房，大家互相照顧。道德說：「個性不合，請白雪找適合的男人結婚，我不願娶那麼多妻子。」另外白露聽了靈寶勸告也不再執著暗戀靈寶。

白雪創立白骨神教，收了很多徒弟，後來九鳳的姐妹生了兒子，白雪為了報復就捉這些小男生來練功夫，白露看不過去想幫忙救這些孩子，結果被白雪刺死。因為六鳳和兒子被殺害，所以道德透過被白露救出的孩子帶路，帶領兒群們攻打白雪巢穴，導致白骨教眾怨恨更深，沒死的教眾就和道德作對。

妖魔長時間蟄伏，肚子餓為了覓食，每年會有一定時間出來作怪，故而流傳「年獸」傷人，所以道德、靈寶、元始天尊教人練體、拉筋、練功夫。道德教男生，九鳳教女生，要大家聽道理，合作練功夫，一起對付妖魔，才不會被侵入體內。因為他們從這個時期開始傳承道、法，所以就被冠上「三清道祖」之名。

林茶因為幫村民解決困難，在指揮除魔時，玄玄（北斗）抬了個圓石頭給林茶踩，說這代表地球，爾後才會流傳地母腳踏地球、手拿馬尾掃、另隻手拿命羅盤八卦鏡的手姿。林茶也被尊稱為「地母」，往生後被敕封為「虛空地母」。

三清這時期延續「補天補地」工作，所以「三清道祖」請九鳳到地府看看有沒有需要修補之處，九鳳觀看（靈性查看）地府已破舊不堪，刑具房子都損壞，因此建議廢除刑具，但王乾坤一行人不同意廢除刑具，所以一大堆人開始用竹子、竹片慢慢修補，經過十餘年時間才以「有形化無形」完成修補房舍。

三清道祖的職責封號緣由

「元始天尊」——宇宙上任何物體生命，必定依賴「精、氣、神」脈而生，而元始天尊控掌三千、宇宙世界的精、氣、神脈。

「道德天尊」——中斗那時候的俗名是道金德，簡稱道德，喜歡講經文、說道法、講德性，並且精通「符、咒、陣、法」，所以被敕封為道德天尊。

「靈寶天尊」——因南斗俗名為靈寶，專門負責靈性的「收、放」，職掌各靈性，所有的生物都必須要有「靈」來維繫生存，並且也能安排「靈」的去處，及修行的所在地，所以被敕封為靈寶天尊。

三位爾後被世人尊稱為「三清道祖」。

由以上所知，虛空地母、三清道祖、九鳳（地母的女兒）都在這個時期產生，因此可以說，宇宙混沌產生的「三清」跟「三清道祖」是不相干的兩碼事。

二〇〇七年十一月十二日敘談

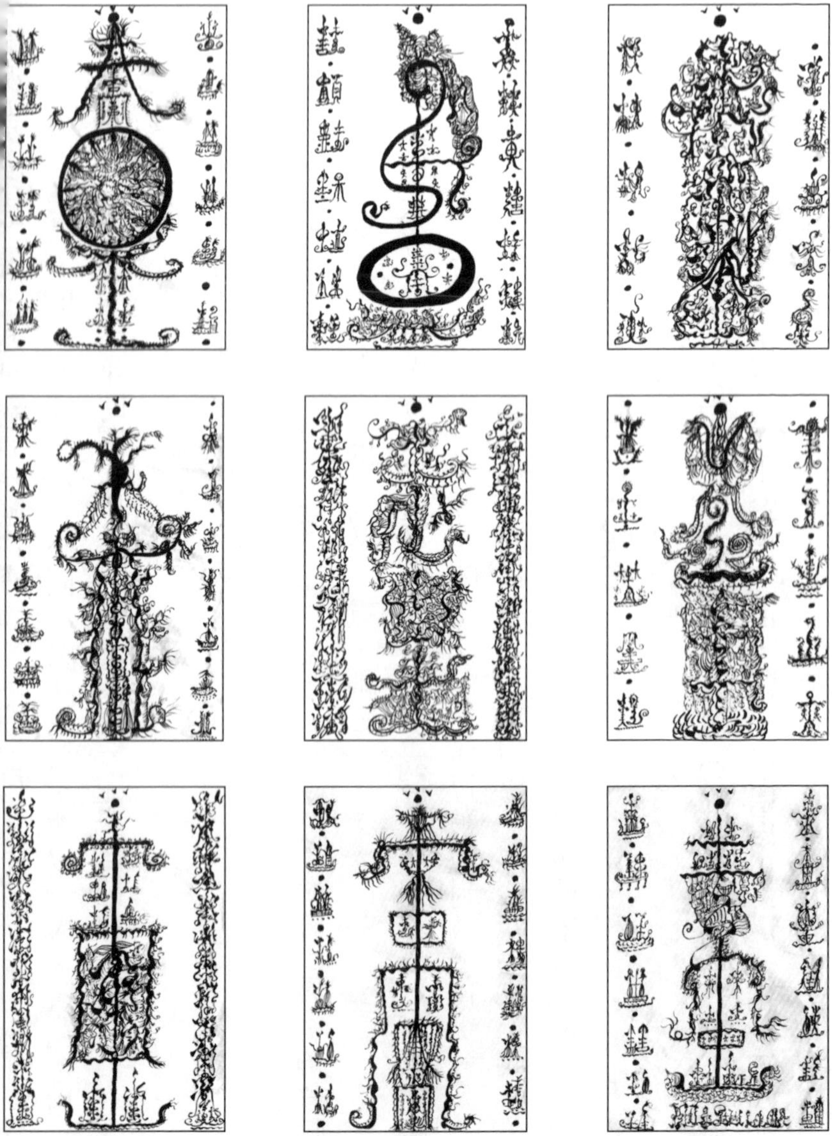

鴻鈞老祖時期壓煞符

5 九尾狐的故事

中國五千年前，三清道祖時期，白雪與她妹妹白露創立「白骨神教」，白雪為教主，一開始是因為白雪愛上道德天尊，卻得不到道德之愛，因而與當時三清道祖創立的「道教」對抗，兩方教派互相殘殺，最後白雪被道祖所滅。

「白骨神教」是用人骨來修煉，他們到各地撿拾人骨，甚至抓了不服他們的人，以及道教徒眾，將人丟入硫磺滾水中，人體肉身隨即腐爛只剩白骨，然後將白骨取出擺出陣法，人居其中打坐修煉，三清道祖們不贊同他們用此法來修煉，因此起了衝突。

白雪教主死後到達地府第一殿，因為在世為惡太多，無須再多審，立即被「一殿閻羅王」判投胎轉世為狐狸。白雪被判轉世為狐狸時，白雪的靈性召集她八位姐妹們的靈性共同去投胎，所以九位姐妹的「靈」轉世到一隻狐狸身上，因此這隻狐狸就有九條靈魂，這就是「九尾狐狸」的緣由。九尾狐狸的出現，已經是太上老君、太乙真人時期了。

因為狐狸為非作歹還吃人肉，因此由當時是鐵匠的西斗，鑄箭射殺狐狸（導致往後的因果事件），太上老君、太乙真人將九尾狐狸埋葬再用符咒鎮住，不料之後太乙真人的女徒弟為了採集藥草尋到此處，竟無意間拔掉了符咒，放出九尾狐狸的靈性。脫困後的靈性依附躲藏在仙姑身上，待仙姑過世後投胎轉世為妲己，因為紂王是西斗神君靈性來轉世，所以九尾狐狸的靈性侵入妲己身體，就是為了來敗紂王江山，最後由周武王及姜子牙將之收服。

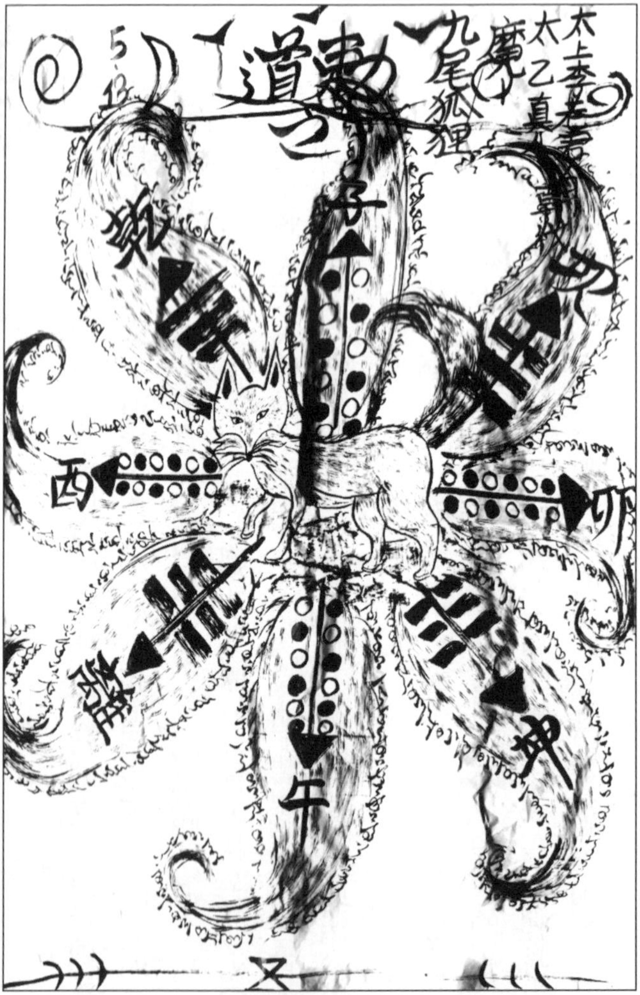

九尾狐狸魔法圖

6 太上老君時代

太上老君十五歲開始跟父親學接骨功夫，十六歲開始做生意、治病人，而杜仙姑則在旁一起幫太上老君。太上老君十七歲時病了，杜仙姑這時才十六歲，於是就擔負起看病的擔子。

此時太乙的父親生病，仙姑到府幫他治病，太乙父親交代仙姑要協助太乙母子，交代完後就過世，之後仙姑常交代大姐仙堂、仙枝去幫助太乙母子。

太上老君病到眼睛快看不見時，仙姑把頭靠向老君的頭，相互磨擦來醫治他，結果老君的病竟然好了，這把大家嚇著了，於是仙姑的母親將她帶回家，只留下兩位大姐。

後來太乙母親病得很嚴重，要仙姑來家裡，交代仙姑要照顧太乙，這時候的太乙才六歲，交代完後，沒多久也就病逝了。

仙姑將太乙抱回家後被父母罵，因此仙姑就抱去找老君，跟老君埋怨：「是因為你生病我才會去太乙家幫忙看病，如今才會變成這個樣子！太乙又這麼小，怎麼辦？」老君回答：「託你母親養，錢我來付。」說定之後，大姐仙堂、二姐仙枝、老三仙姑要去店裡幫忙時，就會帶太乙一起到店裡玩。

有次仙姑生病了，兩位大姐將仙姑揹到老君家醫治，老君幫她把脈、刮痧、整脊，一下子就好了。太上老君開始計畫開武館、練功夫，於是叫杜仙翁、杜仙祖、太上道人、太乙開始學功夫，之後陸續有其他人也來學，這些人都沒收錢，最後正式收道一、道二、太乙做徒弟，而其他來學功夫的人都稱呼太上老君為師父。

太上老君母親到仙姑家提親，仙姑母親起初不同意，她怕仙估嫁過去之後會太辛苦。最後老君還是娶了杜仙姑入門，生了五個男娃與一個女兒，他們也都叫老君為師父。

適逢旱災與瘟疫，植物沒水無法生長，導致動物在山裡頭沒東西吃，於是跑下山去吃人。老君查出是狐狸領頭，庄頭、庄尾都被狐狸鬧過，因此邀集大家開會討論如何處理。

村民們後來決議要設壇，想辦法先求雨。老君找道一、道二、太乙三位來討論如何求雨，然而求了雨三個月都無法成功，於是杜仙姑也來商議，用雷、電、水、火、風設壇，邀請十海龍王、水神幫忙，因大家白天沒空，所以法事都在晚上舉行。第四天，仙姑用法請海的魚蝦水族先行離開，再以風火雷電催風起雨，一直到七七四十九天。

這段時間，杜家姐妹的小孫都被狐狸吃掉，因為孩子的死，再加上持續不斷的祈雨，大家幾乎發狂。直到最後一天，混元一炁靈性來借合太上老君（中斗）之體，通天教主靈性合太乙（南斗），西斗合太上道人，北斗合杜仙翁，東斗合杜仙祖，雷震子（火龍）合道二，九鳳合杜仙姑，三鳳合杜仙堂，雙龍母合杜仙枝，連西王母、地母、金母都來相助，終於風火雷電催法成功，開始下雨了！

村民設壇求雨這段時間，妖魔趁機依附人體鬧事，仙姑就請老君用青菜葉、樹葉寫符咒，讓著魔之人含在嘴裡，用安魂定魄符讓他定下來，誰知這個定下來後妖魔又跑去另一個人身上。

祈雨成功後，接下來大家開始計劃收拾這些動物及狐狸，太上道人建議用箭來射狐狸，仙姑說如果這樣會結冤親，因為狐狸有九尾，且具有九種顏色，所以就有九條靈，以後會找我們報仇。五斗們不相信，都說動物本來就是要給人吃的，於是全村的人都讚同用箭射死狐狸。

西斗射死很多動物及狐狸，後來他也擔心會如仙姑所言被報仇，於是針對公的狐狸分開挖洞埋藏，並用敕令封住，每年還用水果祭拜。仙姑說久了符咒法也是會失效的。

老君所教的太乙都已學會了，老君也就慢慢退休，太乙跟老君說要找一些徒弟來教，老君跟他說徒弟要好好選，不要隨便收徒。

老君的徒弟道一、道二分別開起道院，太乙徒弟林玉卿為了賺錢，開符法、道法胡來，因此人家就拿石頭丟太乙，太乙為此氣到生病，杜仙姑三姐妹看到太乙可憐，於是去找他的徒弟，勸他行事要收斂，否則會害師父被村民打罵，但徒弟自以為沒錯，聽不下去，於是杜仙姑三姐妹施法來抓林玉卿的靈，如此他的術法才不至於太強。

太乙年紀大了，因此由徒弟出去採藥草。這天，何文姑、杜映雪兩位一起去採藥草，碰巧看到埋狐狸那片地的藥草長得特別旺盛，非常高興就跑去採，當何文姑採起藥草時突然感覺有一股氣衝到身上（九尾狐狸之靈），回去之後就生病了。此時，九尾狐的靈便躲藏在何文姑體內，何文姑死後九尾狐仍跟隨何文姑的靈去投胎。

九尾狐狸時期的五斗

太上老君——是道德天尊中斗降生；
太乙真人——是靈寶天尊南斗降生；
無極天王——是東斗降生；
杜仙翁——是玄玄上帝北斗降生；
太上道人（道元）——是西斗降生。

他們除魔事蹟被村民歌頌、愛戴，而且他們是為眾人服務，才會有這些道號流傳。

7 文王拖車的真相

周文王，姬姓，名昌，中國商朝末期周氏族首領，兒子周武王追謚他為周文王。姬昌在渭水河邊打獵巧遇姜子牙（姜姓，呂氏，名尚，字子牙），兩人談得非常投機，文王了解姜尚確有真才，便讓姜尚與他同車而歸。當大事抵定，姜子牙要周文王幫他拉車，周文王考慮了一下便答應了。因此周文王為了表示禮賢下士，以一國之君的身分親自為姜太公拉車的故事，便廣泛地被民間藝術當作素材。然而真正的文王拖車故事並不只有這段歷史，所謂家醜不外揚，在當時極權社會下，君要臣死，臣不敢不從，所以很多歷史真相就被抹煞掉，為了還原遺漏的事件，只好依賴靈性將來龍去脈敘述緣由。

文王拖車的真實歷史真相

紂王的父親帝乙認為紂王是很仁慈又孝順的兒子，因此把王位傳給他，而帝辛（紂王）非常重視農業和社會生產力的發展，為使國力強盛，所以紂王相當重視百姓疾苦，經常到各個村莊視察以了解民情。

三清時期射死九尾狐狸的「西斗神君」，於這時期轉世為紂王。紂王來到西湖，正好被狐狸靈性認出，因此九尾狐狸與狐妖們在女媧娘娘廟佈下陣法，當紂王來到廟裡，巧遇妲己也來到女媧廟參拜，九尾狐狸立即將紂王（西斗神君）與妲己（解開九尾狐封印，太乙真人徒弟）的魂魄吸走，借體成形，公狐狸附身紂王，母的九尾狐附身妲己。

蘇護的女兒妲己是伯邑仙（周武王的妻子）的姑姑，當周文王妻子甘小華（伯邑仙姨媽）下江南，見到伯邑仙（紅光、九鳳）被人欺侮，很是可憐，於是將伯邑仙帶在身邊，文王把伯邑仙當女兒看護，伯邑仙最後成為周武王的妻室。年紀還小的伯邑仙還不知道妲己（姑姑）已然進宮，成為紂王愛妃。

紂王要喊文王為叔叔，伯邑仙稱文王為姨丈，當伯邑仙進入朝歌城（商紂王的都城）見到妲己，她的狐狸尾巴已顯現出來，於是禮貌性客套一番，並對於「三清時期」讓狐狸冤枉而死回個禮數。後來伯邑仙回到文王身邊，跟文王說：「妲己已不是我的姑姑，他的本靈已被抓走。」

伯邑仙跟伯邑考（南斗神君）兩人年紀還小，但靈性共同藉這個肉體，設計一只照妖鏡來照妲己體內的狐妖。照看狐妖原形時，剛好紂王進來，妲己反過來告訴紂王伯邑考在戲弄她，伯邑仙與伯邑考跟紂王說只是兒戲，不是存心要戲弄侮辱她，但紂王還是將伯邑考囚禁並殺死，然後剁成肉醬做成肉包，拿去給周文王吃。

周文王被囚禁時，伯邑仙跟文王說，為了周室，他一定要裝瘋。因此當紂王拿著伯邑考肉包去跟文王說：「假如你真是個瘋子，你兒子的肉就能吃得下去！」文王因為事前有伯邑仙的指示，因此不得不把肉包吃下去。

文王裝瘋吃兒子肉，這也是沒辦法的事，因為現在西歧朝歌城充斥著狐狸、魔、妖，而文王等人現在實在無法將紂王王朝推翻，所以必須忍辱負重。

紂王與妲己極盡虐待文王，每當紂王與妲己坐車時，就逼文王拖車，無論多遠都得拖，因為文王刻苦耐勞，堅忍地忍辱，因此太極母娘、無極老母、鴻鈞老祖、太乙真人、三清道祖、皇極老母、地母娘娘……所有道脈仙佛靈性都附身文王，協助他拖車，如此文王為紂王拖車一百零八天。

妲己在朝歌京城為所欲為，為非作歹，壞事做絕。有一次，妲己看見一位懷有身孕的婦人，就跟紂王說此婦人肚子內的是男孩，紂王為了討好妲己，確認她所言，竟命人剖開孕肚一窺究竟，結果造成一屍兩命，此番行徑實在非常可惡。

西歧朝歌城有非常多的妖、魔，整個三十六宮、七十二嬪妃都被妖魔所侵附，只有紂王正妻沒有，所以正妻遭拖炮烙刑而死，連紂王岳父也難逃一劫，每個忠臣都逃不過，一樣得遭炮烙之刑而死。

妲己是被女狐狸所占，魚肉鄉民，吸百姓血汗錢來建設炮烙，殘害忠良，引起天庭仙佛的公憤，太極母娘、無極老母、鴻鈞老祖、太乙真人、三清道祖、所有道脈靈性都讓伯邑仙協助文王，皇極老母於是借伯邑仙的肉體，提醒文王要排卦來破狐狸魔氣。

文王排卦原由過程

「一宗、一九」魔頭在無限數億年前宇宙爆裂時，就是陰陽同體靈性，陰陽磁鐵特性，吸住靈體後就一直輪迴。而皇極老母靈性在爆裂開來的時候，就是個老人的靈性，皇極老母跟一宗一九靈性合不來，因為一宗一九要吃「靈性」元素，只要看到好的元素（星斗光芒）就想吃，皇極老母認為不好，所以常常吵架。

等到世界有蟲、有菌，演化生物開始時，一宗一九靈性下來占到狐狸的體，皇極老母進入猴子的體，猴子為了保護靈性、保護獸靈，於是跟狐狸對抗，所以皇極母娘在猴子時期所排的卦爻就是皇極卦、直卦、橫卦、蟲菌卦、絲卦……用所有的卦爻來對抗這個狐狸。這個狐狸也很厲害，可以用絲線、棋卦等陣法來對付八卦，如此相互抗衡無限數億年至今。

現在皇極老母借伯邑仙提醒文王，雖然一個兒子死了，還是要把武王推出來，整兵厲馬來推翻暴政。而伯邑考死後楊戩母親才剛要生楊戩，因此伯邑考靈魂進入楊戩肉體誕生，與同時期的雷震子共同來輔佐武王。

文王、武王在城內排卦時，伯邑仙（皇極老母）在旁邊指導，教文王、武王如何寫卦咒、如何排卦，排文卦、死卦、直卦、刀卦、蓋卦、成卦……把所有的卦都掛在太極、無極、八卦上面，於戰爭的時候進去走卦念咒語，暗中處理妲己，逼退她身上的狐狸魔氣，並設法將原來妲己的魂魄調回來入體。所以文王、武王在內施陣法、卦法來抗衡的時候，將士在外拼鬥，卦陣絕不允許士兵進入。

文王排卦時伯邑仙（皇極老母）在旁邊，教文王如何寫、如何排卦，最後利用烏龜殼內裝泥土及沙，施法將西歧城的獸妖、狐妖（包括正在戰場上戰鬥的獸靈）收進龜殼內，然後用芋莆葉包好埋到地底下封印。

當魔妖盡收，武王兵將攻克紂王時，附身紂王及妲己的狐狸知道大勢已去，因此退開這個肉身，紂王及妲己魂魄就回歸肉體，這時才赫然清醒肉身的所作所為，然而已經太遲了，之前所造的罪業太重，所以紂王及妲己還是得受死，百姓才會如願。

蘇護的女兒蘇妲己，原先是一個很好的女兒，蘇護是托塔天王降生，但因為蘇妲己造成的因果，導致百姓埋怨他教出這種女兒，而被人民百姓活活打死。

靈性不滅，因因果果輪迴造就了歷史，歷史史實的紀載是表面化，深層的認識才是我們該知道的，也以此認知造成歷史的因由。

二〇一八年九月二十五巧七敘

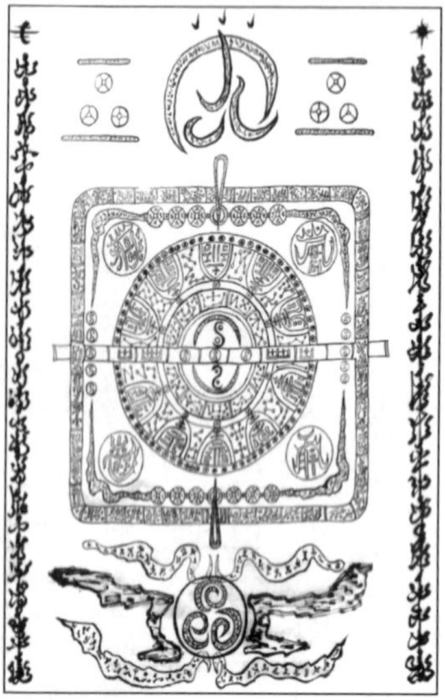

文王時代皇極古法

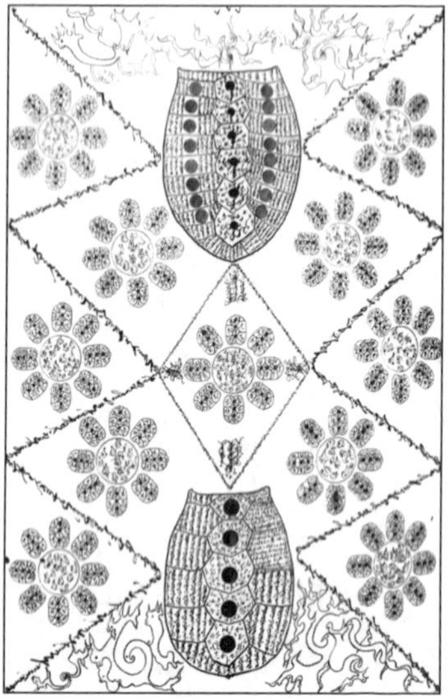

文王時期龜卦

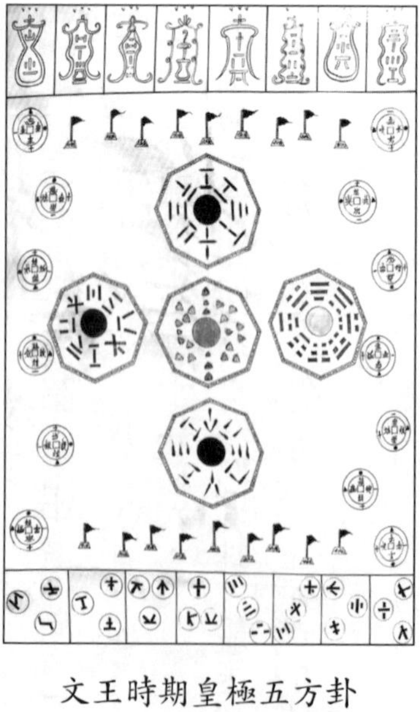

文王時期皇極五方卦

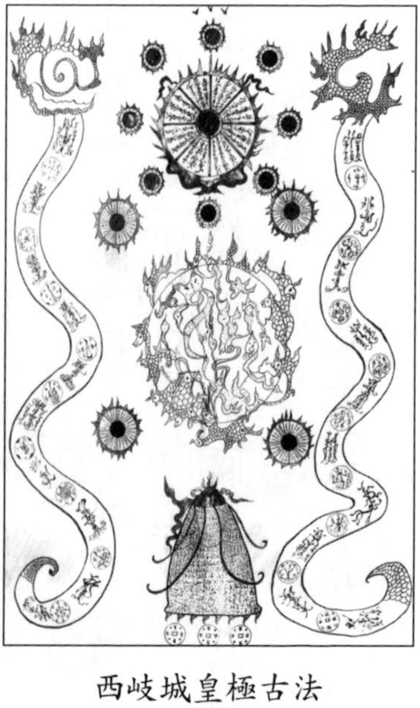

西岐城皇極古法

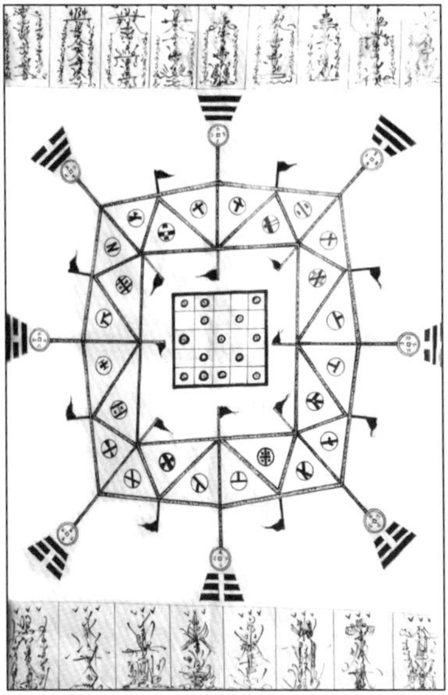

文王時期皇極鼓卦

文王時期皇極斗星陰陽鼓卦

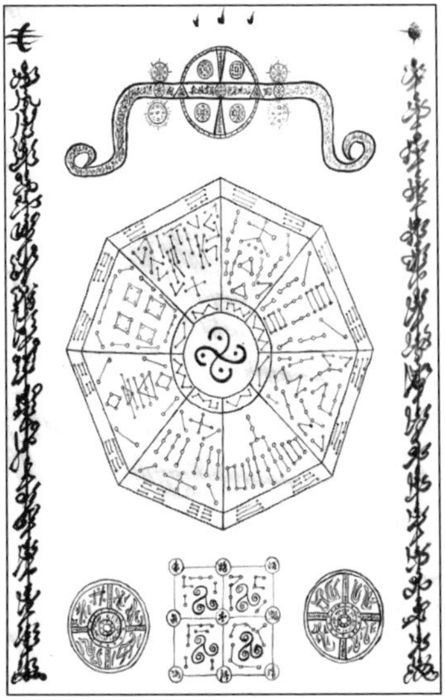

文王時期皇極棋卦

8 床公、床母的故事

梁家庄夫人生有一個女兒名叫梁鳳仙（巧七），在鳳仙十五歲的時候，梁家庄發生一件非常奇怪又恐怖的事情，有很多小孩離奇失蹤，又遍尋不著。因此為人父母者莫不提心吊膽，不知所措。尤其到了夜晚，家有小孩的都要關燈閉門，深怕厄運降臨。

鳳仙自小聰明伶俐，聽人說楊鳳珠練就一身法術，因此鳳仙為了調查庄裡發生的事情真相，便找女伴一同上山拜她為師。楊鳳珠看到鳳仙眼神靈活，心想她日後一定可以做很多事，可以成為得意助手，再加上鳳仙有準備銀兩及供品，又磕頭展現誠意，楊鳳珠乃決定收鳳仙為徒。

楊鳳珠練法術是在很深的洞裡，洞內一路設有火把，部下守備非常嚴密，一般人根本無法闖進去。楊鳳珠要鳳仙下山抓小孩，鳳仙推說自己年紀還小怕誤事，遲遲不敢行動！楊鳳珠聽聞非常生氣，吩咐部下監督鳳仙的一舉一動。

時間不知不覺過了一年，鳳仙跟楊鳳珠說去年是跟父母吵架偷跑出來，希望能回家探望父母，回去看看父母親馬上就會回來，回來一定會再把功夫練好才罷休。楊鳳珠也沒懷疑，吩咐鳳仙早去早回。

楊鳳珠在十七、十八歲時曾有一位男朋友，但男朋友因為發現楊鳳珠練有法術，因而另娶妻生子。楊鳳珠為了報復那位男生，於是練就「犁頭法」，她披頭散髮站在洞裡的大石頭上，手拿骷髗頭的枴杖，頭一直搖擺，口中唸的咒語酷似原住民音調，氣力用盡再喝小孩子的血，法力就會增強許多，而這個大石頭下面壓著小孩的屍骨，因此楊鳳珠已練成與靈互通，並控制著幼兒的靈魂。

鳳仙一回到梁家庄就馬上招集庄民，將過程詳細報告，鳳仙的表哥也來到梁家加入討論，認為會喝小孩的血足以證明楊鳳珠已經走火入魔、心術不正，這情形就要使用純黑狗血，才可以破除魔法。

眾人商量之後，決定讓鳳仙帶著表哥，以拜師為由，帶齊銀兩與供品，一起上山。剛到入山口就遇見師父，師父見到此年輕人體格強壯，相信他做起事來一定很有效率，乃準備儀式正式接受拜師。

表兄妹回洞口途中，碰上佈守洞口的師兄弟們林換，和他的小妹林雀、葉身、胡鍾，大家自我介紹一番後，就聊了起來，因為大家都是師兄妹，必是有緣，因此平時也會聯絡感情，一段日子後就無所不談。

閒聊中有次談到師父在洞裡練法術的情形，練法術時的擺設及每次都要喝一男一女的血，此時鳳仙看到外面的孩靈在跟她報姓名，其中有一個小女孩名為古小娘，是古金柄的孫女。鳳仙這時跟師兄姐們說：「靜下來，你們會聽到小孩的哭聲！」大家噤聲，果真聽得到，這可嚇壞了眾師兄師姐，眾人臉色發綠。

慌亂中，有個孩靈附在葉身的身上，又哭又叫喊眾阿姨，說：「我的血被楊鳳珠喝了，又用符令將我封在大石頭底下，請放我出去，被你們抓來我很餓，我老父是徐家庄的徐永三，母親則是劉檢。」師兄師姐聽完，有些當場驚慌而逃，有些嚇得腿軟跪下，大夥兒開始相信鳳仙所說的一切。

某一天，有一對老夫妻花公與花婆來到山洞外找失蹤的孫子。花公有強烈的感應，感應到有很多小孩子的靈魂在附近漂浮，剛好看到一對表兄妹從洞裡出來，於是上前表明來意，並詢問洞內情形。鳳仙與表兄得知他們是來找尋失蹤的孩子，因此據實稟告自己其實是想揭開失蹤孩子的謎底。

花公、花婆知道事情真相後，深知要救孫子已經是不可能的事了，於是努力花心思來商討如何共同消滅魔頭。首先，花公在洞外買一大片土地，著手整修並種植花草，設計成花園的樣子，中間也搬來一塊大石頭，一切依照地理風水來擺設佈置，整理得美侖美奐，彷彿世外桃源，還故意在楊鳳珠面前誇大，說自己是精通地理風水的人，若能在這塊地修煉，絕對有很大的助益。並且說在這麼有靈氣的石頭上，可以吸收天地靈氣也能吸收花香綠草精華。花公還特意委託楊鳳珠代為照顧這塊珍貴寶地，楊鳳珠歡喜接受並沒有懷疑。一切交代就緒後，花公、花婆就趕回梁家庄與庄主會合，商討除魔計劃。

庄主動員全庄人力封鎖場地，當楊鳳珠帶領部下進駐寶地，站在巨石上開始施展法力，猛烈搖頭直到氣力用盡時，庄主一聲令下，鳳仙的表兄就直衝過去把黑狗血潑灑在楊鳳珠身上，使她氣血逆轉法力盡失。梁鳳仙持劍上前刺中楊鳳珠心田，鳳珠因而一命嗚呼。梁庄主則帶著庄民團團圍住群眾保護現場，然後發放銀兩給楊鳳珠的部下及其徒兒，讓他們解散各自回鄉，庄民們高興地收拾現場。

回到梁家庄，庄主做主把鳳仙嫁給鳳珠的表兄。婚後一個夜黑風高的夜晚，兩人聽到嬰靈哭叫的聲音很是淒涼，兩人起身一看究竟，由於當時住的房子還是在樹上，沒想到竟雙雙掉下來（即樹下）一命嗚呼！

他們倆爾後就被傳頌為「床公、床母」。後人流傳要是遇到小孩不乖乖睡覺，就會要求床公、床母來幫忙讓孩子早點入睡，安撫小孩靈性以免重蹈鳳陽婆（虎姑婆）及床公、床母的命運。

累世輪迴因果，虎姑婆楊鳳珠的靈性投胎轉世到今生，因緣際會來到「宇宙大行殿」，誠心懺悔她所造成的罪孽，歷經二十多年修持，靈體合一收回過去所施出的惡法，救渡眾生了卻因果，無私奉獻執行天命，受到上天肯定，於西元二〇二〇年元月敕封「萬教之母」。

9 牛郎與織女

地母帶著巧七的「靈魂」降生到吳姓人家，吳家取名為吳織女，吳家的祖父是做布料行之生意，對紡紗、織布、染布都很在行。

吳家的祖父育有五子，織女的父親吳瑞源為長子，織女的母親叫朱阿螺。母親在年輕時生育織女，過了不久即因摔倒，致骨盆受傷無法再生育。

這時期，董明祥做生意失敗，心裡惆悵鬱悶，想換個環境，於是全家搬到與織女同一村莊來居住，因而結識吳瑞源。

董明祥生有一子董永及大女兒董玉霜，因為董明祥以前對於布料也很內行，於是就與吳瑞源合夥布料行生意。

董家女兒玉霜聰明伶俐，做起事來手腳很敏捷，帳目又整理得有條有理，因此家庭狀況也就有明顯的改善。

織女年紀比董永小一歲，在織女十五歲那年，有一天大姐玉霜身體突然感覺不適，全身發抖又喃喃自語，顯然是有「靈性」借體附身，果不其然是地母娘娘附身於玉霜體內。

地母藉由玉霜口中告知織女：「地母親自帶妳降生織女，因此妳沒喝下忘魂水。現在織布料生意已穩定運作，為何不靜下心來，回想妳是身負『補天任務』而來。何況火星、木星之眾生靈，因氣候環境過於炎熱，情況已經很危急，他們漸漸已在滅亡中。」另外：「中斗轉世為董永也一樣未喝忘魂水。你們要密切配合，趁兩位父親都還能處理生意上的事務，來籌備『補天』所需要的材料及其事物。」

這時候董永聞訊趕過來，地母即告訴董永與織女：「以前女媧補天是用芋莆葉晒乾壓扁，再用樹枝沾石汁，點上雲彩，而你們現在要用什麼材料來補雲呢？可不要花費太多銀兩！」

此時玉霜因地母附體太久，身體支持不住，地母之靈氣只得退出。

玉霜從這件事過後，心靈裡面就想著要如何補天！於是請來一些人幫忙，在山裡蓋間茅草寮，大家開始摘取芋莆葉。

一切準備就緒時，董玉霜的母親卻突然摔倒中風，所以玉霜只能在家裡照顧母親，無法與織女配合，因此補天的任務自然落在織女身上。

織女十七歲時，母親朱氏湊巧也中風，故補天的工作更加困難重重。

織女十八歲嫁給董永，兩家合為一家。

織女與董永、玉霜三人計劃著如何來鋪排補天的工作，生意方面交由織女父親管理運作，誰知天還是不從人願，吳瑞源也中風了，眼看著布料行生意怠延下來。

叔、伯、長輩們眼看織女三人為了補天任務，兩家的父母親竟然接二連三發生意外，因此堅決反對補天的工作，憤而把草寮內的芋莆葉，以及補天所需之材料設備一併燒毀，枉費大眾所花費的苦心，補天就此中斷。

玉霜身體還是經常會感到不舒服，於是告訴織女自己的病況，織女告訴她說：「這是妳前世靈魂要來跟妳配合做『補天任務』，現在因為已經停止，因此讓妳的肉體感覺不適，牠在催促妳不能拋棄任務，所以請玉霜多忍耐，等待時機成熟再開始補天工作。」

父親董明祥就不認為補天工作有這麼必要，他覺得女兒玉霜已經到適婚年齡，於是作主將她許配給織女二伯的兒子吳金生，所以補天之事就此擱置一旁。

織女與夫婿做織布的生意，賺進不少銀兩，倆人育有二位女兒，大女兒董小雯、小女叫董小美。

織女七歲時就能憶起自己的「前世」，她原是巧七「靈」來轉世，所以只要眼睛張開（慧眼），就能看出玉霜姐的前世是「綠斗光」身分。

有一天，織女跟往常一樣在織布時，有四個人找上門來說要買四百匹布，並染上四種顏色，織女認出他們就是東斗、西斗、南斗、北斗，立即欣然答應這筆交易，也確實順利交貨。

完成首批布的交易後，過了一陣子，游聰貴（東斗）、林國山（南斗）、吳中山（西斗）、侯碧山（北斗）又找上門來，這次要買一千匹布，夫婿（董永）

坦承說能力不足只能交付五百匹布，雙方生意就這麼簽訂下來。

誰知交付布料時卻慘遭刁難而退貨。織女找上門去交涉理論，並沒有順利說服他們，只好把布拿回去重新整理。第二次交貨時也沒有順利交成。

織女已然認出四斗，並且提醒他們仔細想想，看是否能回想以前五斗的事情。織女也想不透，五斗輪迴轉世來到這世應該不是很久的事，為何五斗們都無法想起以前的事？

可恨的是此四人竟然四處造謠，說吳家織布品質不好，令顧客聞風卻步，因此存貨越來越多，長時間拖延下來一直找不到買主，只好宣告破產。

由於不能出納布料，令織女一家陷入無比困苦境界。原來這時候的四斗，已被邪惡雜靈所操控，變得只會一味賺取銀兩，不會顧及商業上的道德，害得織女一家四處求職謀生。

後來西斗僱用織女一家來為他工作，過了一年八個月時間，布料時常離奇的短少，卻無法清查出是何人所為，織女一家為此被誣賴而被迫離去。

由於兩個女兒已沒飯吃，肚子裡又懷有一個未出世男嬰，無奈只好來到北斗家工作生活，沒想到也被其夫人欺凌壓迫，跪地求情也未能得到諒解。

原來這也是不好之「靈魂」懷恨，緊隨著入侵夫人體內（思想）操縱運作，讓織女一家難堪。

織女此時父母亦已雙亡而無所依靠，夫婿只好去幫忙看牛，自己搭房子住。然而夫婿仍舊被誣賴很多離譜的事，即使牛在吃草也會失蹤，一家人只好迫於無奈而遷離，就這樣遷過一庄又一庄，過著無依無靠的流浪生活。

織女終於忍不住放聲大哭，感嘆命運為何如此淒慘，就在此時突然感覺到肚子疼痛，她知道是兒子（王石）要來降生，有如受到晴天霹靂打擊。

織女實在不甘願命運被如此作弄，哪知道老天此時是要她履行義務，降生王石是要來化解其誓願（即因果關係）。

織女實在是被嚇昏了頭，以為是王石的靈不放過她，所以生下董小寶（王石之靈降生）三個月後，就將他安排給別人家收養，之後手拿著腰帶在茅草屋上吊身亡。

織女誤認為人死了，就可以化解恩怨，也不會拖累丈夫與女兒，而七月七日即是織女上吊結束此生的日子。

事隔一年，其夫婿董永因三餐無法溫飽，找工作又四處碰壁，常被誣賴冤枉，過著無人格的日子，所以也在隔年同月同日攜帶兩女，投海自盡結束此生。

織女與董永去世後，「玉帝」很不高興，即將織女的三魂帶回中天。玉帝將她的「智覺靈」關在第七天牢，其「智心靈」被刑罰四十九天後，通天教主帶著她去降生為嫦娥。

董永也是在過往後，「智覺靈」返回中天被關在第八天牢，與織女的「智覺靈」在每一年的七月七日才能相見一次。

董永的「智心靈」先來降生后羿，等嫦娥長大後，如果完成補天之使命，便可救董永及織女兩條「智覺靈」出來。

傳說記載織女乃七仙女下凡，貪戀牛郎，故意讓衣物給牛咬走，而使臭名如此流傳下來，這是錯誤的。

其實織女是經由母體降生之人，其一生故事如上已清楚表明記載非常詳細，藉此端正視聽還給織女一個公道。

亦因嫦娥時代，也沒有完成「玉帝」賦予補天的使命，拖延數千年後，於現在今世中，才能聚集眾「靈」與「體」，完成這艱辛頗巨的偉大任務。

董永及織女的「智覺靈」，於民國八十九年（西元二〇〇〇年）間回歸本體，其五臟七孔遊靈也相繼收回，湊合集成「全靈」到位。

我們人類身體是由十五條「靈」氣所組合。

其一、「智上靈」乃是屬於精蟲，即父母所賜予，這個「智上靈」在人體往生之後，追隨祖先行列，也稱為「智覺靈」、「自性靈」。其二、「智慧靈」仍往隨墳墓或墓碑，也稱為「體靈」。其三、「智心靈」乃是拿牌令降生，以後是回中天或地府清算功過得失，也稱為「先天靈」。其四、「七孔靈」分屬右眼、左眼、左鼻孔、右鼻孔、嘴靈、左耳、右耳。其五、「五臟靈」分屬心臟、肝臟、肺臟、胃靈、腎臟。

人類身上有十五條靈，各司其功能，整合出一個人體，發揮出多種多樣的功用，奧妙無窮。

當人們往生之後，有的回歸本位，有的下「地府」清算因果，有的「靈氣」互相邀約配合又來降生，也有的靈氣遊走四方，一些遊走四方靈氣若不守規律，會造成社會上諸多的事端。

五母安排眾仙佛及五斗下降（降生），來造靈、合靈、勸化、轉化、醫合眾靈性，引導靈性能回歸五母當初所創的原靈方位。

10 鵲橋相會的真相

牛郎、織女他們兩位是天上的中斗星與紅光電石轉世，當這一世肉體過往後，因為所負的使命未能完成，因此靈性被分隔兩地關在天牢，中間的鵲橋是他們每年相聚見面的一座橋。

牛郎與織女的肉身死亡後，他們的靈魂（十五條靈性）之中各一條靈性，會因為第一世的因果關係，被關進分隔兩地的天牢，而且是生生世世每死亡一次就關一條靈。老一輩（欽脈線靈性）為了讓他們能看到「補天地」的工程是否完成，准許他們在鵲橋上一起觀看及策劃。

老一輩告訴天上的鵲鳥，要鵲鳥搭成一座橋讓牛郎織女見面，並答應牠們當「補天補地」工程完成後，將牠們轉換成靈兒，因此鵲鳥從那時候起，每年搭橋讓他們在忌日（七月七日）那天見一次面，直到現在。

如今西元二〇一四年，牛郎、織女的累世靈在「補天補地」的工程已完成到一個階段，鵲鳥也就被轉換成靈兒，所以自今起，鵲橋已不復存在了，有也是人們飯後茶餘的神話了。

上天安排牛郎、織女兩人累世輪迴都以計劃天地為職責，從不談私人感情，因此在鵲橋上的相會是在觀看累世「補天補地」的進度，關心天地工程，並非情人相會，這就是真相。

註：二〇一四年七月八日晚上九點，「宇宙大行佛道協會」將「補天補地之圖」，載往南港展覽前，一行人上香稟告上天。妙善鑾駕告知：於西元二〇〇三年（民國九十二年），前往「重慶慈惠堂」來發布「補天補地、醫靈、造靈」使命後，織女肉體靈方能從七號天牢釋放。本

來織女是要做補天之工作使命，也都準備好了芋葥葉要來執行，但卻受到許多因素，最後自殺而未完成使命，因此「四大天王」奉「玉皇大帝」之旨，將織女之七竅靈關在天牢之十七號，接受一日三回風、火、水三刑罰。如今因緣際會，能夠將所有圖宣揚出去，織女之七竅靈才得以從天牢釋回。

11 后羿與嫦娥

嫦娥的家庭

嫦娥母親杜玉霜，十八歲時嫁給嫦佬，育有嫦春、嫦娥、嫦玉、嫦圖、嫦美五兄妹。嫦佬另外娶有二房吳素玉，育有兒子嫦紙。老大嫦春從小就跟著嫦佬學習書畫，一家眾口靠著書畫維持生計，所以過著貧窮艱困的生活。

嫦娥（巧七）出生前沒喝下「忘魂水」，所以七歲時就能想到劈開竹子，用布粘黏上去做成扇子，再請父兄在扇子上提詩作畫，頗受顧客歡迎，銷路順暢，額外增加一筆收入，因此改善家裡的經濟環境。後來又想到做布鞋，在鞋面上繡花及畫上動物、花草、蝴蝶，因繡花精巧細膩且須手工縫製，因此需要更多人手來做，所以娘家母舅、親戚、朋友都過來幫忙生產，如此大家經濟收入有所依靠，生活環境大大改善，家家也都能溫飽了。

日子過得很快，嫦娥十五歲時嫦春也有二十歲了，此時父親嫦佬已退休，嫦春還是照常繪畫，嫦家一切生計就由嫦春大哥發落。

九個太陽造訪地球

板塊經過大爆裂形成目前的宇宙，有一顆板塊我們稱為「太陽」、一顆稱作「月亮」，太陽是具有放射元素發光體的「雹石」板塊，月亮則在黑暗中放射出白色光體，表現出黑暗面的「太陰石」板塊，它們同時爆裂成各十顆板塊，散布在宇宙空間，這兩種板塊組成陰、陽，爆裂後各自獨立成為一個太陽系，因此就形成十個太陽系，稱之為十重天地。我們的地球太陽系屬於第十重，離我們最遠的太陽系稱之為一重，接近點的稱二重，再來三重、四重、……九重，地球北極上方為出口，從這個出口一直往上可直通到達九重、八重、……至一重。

可惜九重、八重……至一重如此完美的境界，自從其地氣被巧六等人震壞之後，所保護的氣層漸漸消逝，變成污濁氣層，太陰石板塊也失去功能，各板塊上的水與生物亦漸漸毀滅消失。然而亮麗的雹石太陽靈氣未有削減，依舊旺盛如荼，就在嫦娥出生的年代，這九重的太陽雹石板塊，竟然連袂造訪大千世界——地球。十個太陽使保護地球的過濾系統超出負荷，過度的熱氣造成地球嚴重乾旱，所有生物、動物在這場災難中無一倖免，造成嚴重的生存威脅。

這「十重」天的太陽與月亮本身都具有「靈性」，因祂們都是同一個板塊所爆裂的，所以靈性都屬於同根生的十個兄弟。一重至九重因為地氣被巧六震壞，萬物難以生存，死亡之後的生物，造成各太陽系空間瀰漫太多的物靈、獸靈及各種濁氣，導致失去太陽與月亮功能，即將滅亡。所以這些太陽的「靈性」想到，在其他星系還有兄弟在，於是想去看看兄弟，故一重的太陽在宇宙天際中首先尋著路徑來到十重的太陽系，而月亮則因為功能失去而直接殞落消失，但月亮的「靈性」仍跟隨著太陽到達十重。當一重的太陽到達十重後，隔兩三天二重的太陽也跟來，之後陸陸續續其他各重的太陽都一起來到十重。

因此在后羿這時期就出現奇特狀況，有十顆太陽在天空轉，十顆炙熱的太陽導致大地酷熱，熱死了很多人與生物，這種情形十顆太陽的「靈性」都知道，但也無可奈何，因為九重的地方已無法再行運作，大地萬物已然滅亡，只剩下板塊還在，十顆太陽的「靈性」相聚也是想商討對策罷了。地球這邊對九重的太陽來訪所造成的旱災束手無策，九重的太陰靈性（太陰娘娘）跟著太陽來所以也都受傷，非常無奈地跟在嫦娥身邊。

研擬射日過程

嫦娥的外祖父母與眾多抵抗力較弱者，都死於這場五月旱熱的災難，這些死後的靈魂都來請求嫦娥醫治他們，嫦娥於是找來一些人，在山上搭建臨時「草蓋茅寮」，讓那些受傷之靈（包括外公、外婆、九重太陰）在裡面休息，並給予祭拜儀式，安撫靈性，且用一大桶水讓他們止渴，嫦娥吃什麼也會分給他們享用。

太陽依然兇猛，農人已無法耕作，地球危急萬分，嫦娥於是發出誓願，如果誰能射下這九顆太陽，解救蒼生，願意許身報償。

嫦春擔心嫦娥委身報償的對象是強盜或土匪，那該怎麼辦！這時天后母娘附身在嫦娥（巧七）身上，告訴嫦春（北斗）：「一定要找來五斗，結合五斗的靈性及眾多炁化成形之靈性（轉世成為人）與智慧，來共同完成這艱難的任務。」

陳友賢（南斗）是嫦佬書畫班的門徒，嫦娥告訴他具備斗星的任務，可是不被陳友賢所接納，他娶了嫦玉之後，就廣收門徒專心書畫事業。周阿生（東斗）、周阿富（西斗）與后羿（中斗）乃結拜兄弟，他們遵照地母指示找到嫦春，開始研究射日行動。后羿憑藉自幼培養的射擊技巧及天生神力，執箭對著大太陽，使盡全力發射神箭，可是自身靈氣一直不能貫破太陽所釋放出的強烈光環，后羿的靈氣與身體因而受傷。周阿生（東斗）與周阿富（西斗）就用木架把受傷的后羿抬到嫦娥居住的村莊。

嫦春、嫦娥將后羿安置在山區的臨時草寮內，等待醫治的眾多靈魂都是被太陽所傷，后羿的靈體受傷，身體很虛弱需要醫治，所以也在一旁等待。這時候天后母娘附體在嫦娥身上，將嫦娥「紅光」轉移至后羿「黑電石」體內，電流合一（黑電石與紅電石的靈氣），后羿才慢慢恢復過來。稍後再把外公、外婆及一些受傷的「靈魂」給醫治好。

嫦娥兄妹倆常對父親佯稱出外做生意，其實外出都是和周阿生、周阿富、后羿一起研究要如何射下太陽。

射日成功歷程

地母（天后母娘）引領大家到一個流出硫磺熱氣的洞口，這裡的熱度可煮熟一隻雞，大家將箭頭包著那流出的黃色液體，想藉由點燃爆破力來增加「箭氣」速度，可是一直試驗的結果都沒能成功射下太陽。

射日的消息在「靈界」傳開來，眾仙佛都趕過來關心，「元始天尊」也來指導如何用硫磺火藥包在十二支箭頭上，然後地母也指示嫦娥及四位斗星的「體」（現世肉體）做一些網子，以有形化無形，用無形的網子遮蓋住太陽強大的火炬，之後再靠「眾仙佛之靈」、「巧七累世靈」及「五斗累世靈」，這些靈炁全部依附在后羿體內，讓后羿的神力發揮至最高點。

地母從旁指點，要等到日出或日落之時，其威力最薄弱之際，點燃硫磺火藥，專注精神再全力射出，此時箭炁有如神助的力道直貫太陽核心，太陽因而爆裂開，碎石四處散飛。如此這樣耗費很多時日，才能射下一顆太陽。經過神、靈、體相助，努力不懈，前後總共花了三年七個月才把九顆太陽射下，只留原來一顆繼續為地球萬物照射光亮。

嫦娥履約嫁后羿

后羿離家後母親四處找尋他，終於在村裡找到后羿，由於后羿家境不好，於是嫦春撥些銀兩給后羿母親，這樣后羿母親就不用煩惱生計問題，而后羿也能留下來幫忙醫治被燒烙熱死的靈魂。

地母附體嫦娥，借嫦娥之手捏出一百零八個土泥人偶，然後由五斗將這些被燒烙之「靈」、「遊魂」送入泥人中醫治，醫好就讓他們各自回歸其本位，也同時醫好「九重太陰」，紛紛送至「月亮宮」休息，嫦娥特地以石立碑，讓外公、外婆的「靈」有依附休息的地方，嫦娥有空時才能找他們聊天。九個太陽射下來以後，天氣漸漸暖和，地球所有生物、動植物也都免於毀滅。

后羿依約前往提親，嫦佬認為后羿太窮而反對，大哥（嫦春）仗義執言：「不能嫌棄窮苦人家，咱們嫦家之前也是窮苦人家，嫦娥誓願既然說出口，就不能反悔。」嫦娥聽從大哥安排，十八歲時就嫁給后羿，婚後育一男名為后晉泰，一女為后秀蘭。

嫦娥嫁過去之後就開始教婆家如何開墾田地、種菜耕田，無意間在田裡挖到好幾罐銀兩（地母送的），婆媳商量後，留一些銀兩來做生意，其他銀兩都拿出來救濟窮人。

後來由於生意太忙，只好請來一位鄰居姑娘吳秀美，幫忙管理一些家務事。那時候在村內有位女士名為林阿美，她的丈夫叫吳霸，兒子叫吳清，當吳秀美知道后羿射下太陽，造成碎片（隕石）壓死林阿美，心懷不軌的吳秀美就計劃著她的毒計。吳秀美原本把嫦娥當作她的大姐，在后家幫后羿煮飯、洗衣、打理一切，然而漸漸心懷不軌，百般討好后羿，吃飯時還反客為主坐在后羿身旁，夾菜給后羿吃，嫦娥似乎變成俾女。

嫦娥之死

嫦娥接到地母指示火星的大氣層已經變質，需要做修補的工作，於是嫦娥及嫦春，后羿及拜把兄弟周阿生、周阿富共同召集一些人加入補天的籌備事宜。陳寶蓮、李福生這對夫妻也由地母引領下加入，嫦娥同時也邀請嫦紙（二房的兒子）一起參與工作，可是嫦紙沒有接受。一些人採集芋莆葉晒乾儲存，另一批人採收五色石，芋莆葉及藍、白、黃、綠色石頭都已集存足夠的數量。就在準備開始補救火星前，不可彌補的憾事發生了。

某日，嫦娥帶著女兒一起出去找到充足的紅色石頭，在僱請馬車載回的途中，竟被吳秀美私底下煽動吳霸父子，派人將嫦娥母女押到一個山洞裡，吳霸父子用盡各種激烈的手段折磨嫦娥母女，吳清還強暴后秀蘭，嫦娥無能為力只能眼睜睜看著女兒被折磨至死，嫦娥也被吳清每天用石頭砸頭部，慢慢折磨，在痛苦中死去。

吳霸父子害死嫦娥母女後，害怕會得到報應，就在村落裡四處造謠，宣稱嫦娥是偷吃母娘所提煉的仙丹，成為仙女後飛奔到月宮了。

嫦娥失蹤後，后羿四處尋找嫦娥母女，找了很久一段時間，還是找不到。吳秀美對后羿謊稱看到嫦娥母女跟別人私奔，拋夫棄子離開本地。不久之後，吳秀美與后羿結成夫妻，而這一切都是管家吳秀美所設計的毒計。

嫦娥三魂去處

嫦娥死後，「智心靈」直接回中天報到，「智慧靈」則直接去找吳霸、吳清父子，到他們家中鬧鬼，弄得雞犬不寧，當嫦娥母女的「智上魂」一起回到家中，看到后羿已經和吳秀美住在一起，非常生氣，大嘆一口氣，怨嘆這樣沒有天理！此時吳秀美似乎感覺到有一股陰風怨氣，心生不安，遂請道士要來除掉「陰靈」。嫦娥母女只好四處躲藏，所以並沒有被道士的法力收走。

吳秀美對嫦娥的兒子后晉泰百般虐待與折磨，時常要他去山裡砍柴、挑水，才有飯吃。后羿發現這般狀況，質問吳秀美對小孩是否太過分，吳秀美卻謊稱是小孩子不受教，偷取銀兩才如此處罰他，因為后羿也不喜歡小孩子有偷竊的行為，所以放任吳秀美管教孩子的措施。

嫦娥在旁邊看的清清楚楚，很不甘心，她心疼自己親生的兒子，在這樣惡劣的環境成長，心靈會不健康，於是想盡辦法要救后晉泰離去。

后羿在生意上一直不順利，吳秀美認定是嫦娥母女的靈魂回來作怪，又請來道士要滅掉其母女的靈魂，卻跟后羿謊稱請道士作法是要收除一些陰靈邪氣，換得家中平靜順利。后羿不知道實際情形，也沒有產生懷疑，因此讓道士擺壇作法事，嚇得嫦娥母女躲在柴房裡好多時日都不敢隨意遊走。

有眼通能力的劉秀玉是嫦娥的鄰居，她發現柴房豬舍有鬼魂在走動，嫦娥知道被發現，又怕形跡敗露遭吳秀美迫害，因此向劉秀玉詳細述說整個事情經過。劉秀玉聽完很受感動，因此用飯菜祭拜嫦娥母女七七四十九天，因劉秀玉在供桌上有寫嫦娥之名，被旁人發現通知吳秀美，吳秀美馬上派人放火燒掉柴房、豬舍，由於火勢猛烈燃燒，蔓延整個山區，因而造成另一場森林浩劫。

嫦娥倉惶帶著女兒逃出來，心裡越加氣憤，既然天道沒能處罰惡人，因此打算直接找吳秀美報復。這時候有一位老伯（月亮宮來的靈性）來到嫦娥面前，說他了解整個過程，也很體諒嫦娥身懷重要任務，卻不幸遭受如此下場，老伯很心疼嫦娥，勸慰嫦娥母女好久，也勸嫦娥退讓一步，前世的因果關係牽纏讓人無奈，嫦娥也看出吳秀美是被前世的「靈焰」支配，才會如此。

嫦娥赴月宮

嫦娥忍住心中的痛苦，想了好久，既然人都已經死了，現世已無法挽回，但仍舊放心不下留在世間的兒子，所以請求老伯幫忙指引兒子到大哥嫦春家，后晉泰就被安排來到舅舅家中住定。

嫦娥母女來到嫦家，嫦娥藉由妹妹嫦玉的口說出母女已遭遇不幸，如何被害死及悲慘的經過。后秀蘭則藉由表姐嫦美的體，由嫦美口中向舅舅嫦春訴苦，將前後這不人道的遭遇很詳細的說完，並且也表示不甘心父親的無情。

當嫦娥把后晉泰安頓下來後，母女就向父親嫦佬與兄妹拜別，這時后秀蘭向舅舅提出肚子很餓，嫦春也怕母女一路上餓肚子，於是特地準備一些大餅，並把大餅做得結實，可以慢慢吃，嫦春把這些大餅放在供桌上，焚香祭祀奉送母女上路。

嫦娥交代嫦春大哥：「每一年的八月十五日，后秀蘭想要回來，而我也想要回來。」嫦春大哥說：「好！我每年在這天做餅給妳們吃。」並問：「你們哪個時辰回來？」嫦娥回答：「這老阿公要帶我走，我也不知道！」自此嫦春每年這一天都準備餅來祭拜嫦娥母女。街坊鄰居聽到這事都非常感動，也準備大餅跟著祭拜嫦娥，習慣延續至今，吃中秋月餅成為習俗，大家也都會想到嫦娥。

中秋之日吃月餅大家都會想到嫦娥，但卻已經忘記其真實的原因了，雖然最後嫦娥是到月宮調養心靈，但並非是流言謠傳所說，偷吃仙丹奔向月宮。

嫦娥母女隨著老伯伯（元始天尊）返回月宮調養精神，心靈創傷也漸漸淡化消退。地母隨後來到月亮宮，看到嫦娥心胸如此寬大，由衷佩服稱讚，遂稟明「玉皇大帝」，嫦娥因而受敕封為「太陰娘娘」。

之後有一天，吳秀美將后羿所有財產全部帶走並離開后家。當后晉泰二十四歲時，舅舅才告知母親慘死的過程，后晉泰氣憤難消，四處探查吳秀美的下落，並拿刀親手殺死吳秀美，將他所剩的銀兩也拿回后家。然而后羿因長年失意，飲酒失足摔下斷崖而亡。后羿死後因射下九顆太陽有功，被敕封為「太陽星君」。

巧七降生嫦娥時代已經落幕，但也留下補天任務沒有完成，實在遺憾。延晃至今世，巧七再次帶領眾人排除重重障礙，奮力不懈，力求完成任務，接下「龍華大會」做補天補地、造雲、醫靈、轉靈、造靈、收圓的工作。

嫦娥的忌日是八月十五日，元始天尊帶領她們上月宮，將這份「能量圖」交予后秀蘭，並言明以後輪迴時用得到。因此今天「龍華大會」由千手千眼佛祖（嫦娥靈性）職掌，所以后秀蘭特地交出這「元始天尊」的無形能量圖，呈現為有形能量圖來協助她母親及眾師兄師姐做大行工作。

師兄、姐收法、破法、醫靈、造靈需要「光」與「電」配合，消耗過多能量，后秀蘭因此將元始天尊所賜能量圖卷軸顯現。

無形的滿天星斗在雲炁裡匯聚能量，並將匯聚能量集中釋放「光」與「電」給五斗、色光。能量卷軸圖平時儲存能量是捲起來的，當開始執行公事，卷軸就會展開，將匯聚的能量釋放出來，供給師兄姐所需的「光」與「電」。

混沌初開大霹靂，炎石爆裂分十處，亮石依樣碎隨行，陰陽日月組氣候，浩瀚宇宙各獨立，
十地十重十兄弟，地球星系爲十重，后羿年代現異端，九重日月功能失，獸性物靈園日月，
月石殞落靈來訪，陽石炎火尋路徑，一重太陽先來訪，數日相隔二重來，各重陸續分赴至，
九重天暗日月無，萬物不長眾生滅，兄弟十重相聚來，十顆太陽宇宙轉，九重陽神心無奈，
原石烈火光芒照，生靈塗炭嚎遍野，后羿射日依序行，一重日來輪二重，火石殞落靈傷離，
石頭靈性無手足，后羿醫靈造拳腳，嫦娥靈光來助體，九重靈性十重宿，迷途眾生不知返，
地獄天堂轉輪迴，龍華收圓候特赦，回歸九重來處去，十重天地只剩咱，太陽神靈來說明，
眾生珍惜十重天，補天補地一起來，醫靈造靈天體清，日月清明永長存，流傳後世眾生曉。

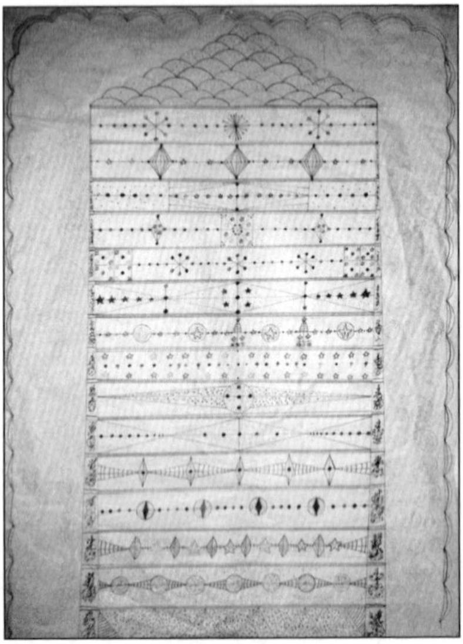
雲炁能量圖

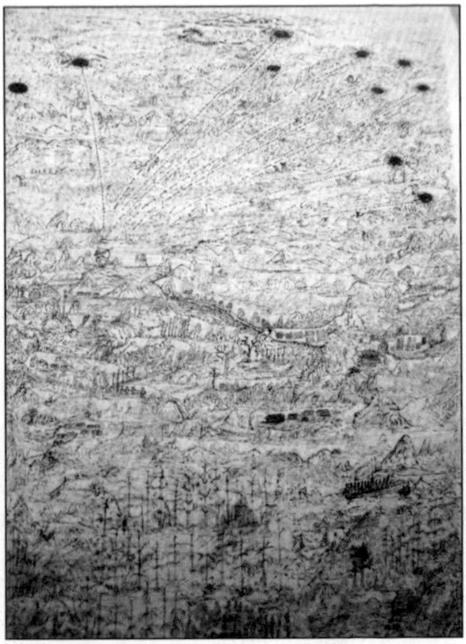
后羿射日過程圖

12 蘇永玲的故事

蘇姓一家住在廣州一個非常偏遠的山區，蘇永玲每天都要去摘菜採藥。在永玲七歲的時侯，有天救了一位生意人王進琛，這生意人帶了很多的銀兩在身上，但因沿途勞累導致風傷、氣傷，身體不支而暈倒在地，永玲趕緊回家叫母親一同幫忙將王進琛帶回家醫治，每天煎草藥給他喝。

持續照顧了十五天，王進琛的病稍有好轉，這時永玲家中已無多餘的錢財再繼續照顧王進琛，於是跟王進琛說他的病已好轉了，可以回去。

王進琛要離去時看永玲家境不好，其弟妹還很幼小，所以拿了一些銀兩給蘇家，給予生活上所需的經費，也讚嘆永玲這樣小的年紀，就有採藥醫治人的能力，於是想了個方法，要來幫助蘇家。

王進琛為了報此恩情，因此要永玲每天到山上採藥並拿去給他，然後他再轉賣，轉賣所賺的錢都給蘇家當做生活費，且王進琛會派人到山上看永玲採收的情形。當進琛回家後跟妻子談到此事，妻子對他為何要這樣做而產生疑問，進琛這才解釋，之前在山上若無蘇家幫助，若無永玲幫他治病，今天他恐怕沒這條命回來，所以他是為了報恩才這麼做。

到了永玲十五歲時，王進琛叫她不要直接把新鮮藥草整把帶下山，要先行曬乾，這樣藥材才不易腐壞，並且整理分裝好，交代哪些藥材有什麼藥效，也希望蘇家可以搬到鎮上住，並在鎮上找一間店面讓他們可以做生意。

永玲十六歲時，村莊發生了瘟疫，藥材供給不足。瘟疫病情四處擴散，王進琛的村莊也發生瘟疫，因此要永玲把藥材賣給他；但因藥材不夠，所以永玲也無法將藥材給王進琛。

王進琛要永玲行醫救人，他跟永玲說這就是你的使命，且不能跟病人收錢，只能讓他們隨意給錢。而永玲知道後也願意如此配合，王進琛便與他的妻子一起協助她行醫救人，援助她銀兩且再幫她開藥舖。

當瘟疫漸漸控制後，進琛要永玲練製藥丸、研究醫理，王進琛也在此時希望永玲能嫁入王家當他媳婦，因為王進琛很感激她當初救他，所以對永玲更是疼愛。

永玲十七歲時，莊裡發生了一件奇怪的事，莊裡的人似乎都中邪一樣，紛紛用頭去撞牆，村人責罵永玲為何不救他們，也不開藥給他們吃。永玲回答說吃藥沒有用，村人說：「難道要眼睜睜看著他們一直撞牆？」於是永玲絞盡腦汁想盡辦法，終於想到用榕樹葉片上畫符令，再將葉片讓中邪之人含在嘴裡，如此那些人體內的「邪魔」就能退開，人就恢復正常了。

因為退魔這件事情，永玲的名聲也漸漸傳開來，於是各地中邪的村人就會請永玲來畫符令退魔。因此永玲除了行醫外，依然繼續研究學習道術。

這時「魔」也跑到王家庄，使王家庄的家丁無法工作，於是就請永玲與永松來幫忙驅魔。王進琛將那些被魔附身的人全都綁起來，用布畫符令唸法語來鎮魔，永玲建議準備飯菜、山水果，祭拜、唸經、超渡，且每年農曆七月七日普渡祭拜眾生靈。

但王進琛長子永松卻指責父親為何要聽永玲的話，長子對永玲非常排斥。永松對永玲說：「妳實在有夠雞婆，王家一有事就說要來幫忙。」

事後永玲的意識中一直浮現中斗之臉，才知道王進琛的長子是「中斗」轉世，而王進琛的弟弟所生的兩個兒子是「東斗」、「西斗」。

永玲二十五歲時雲遊四海行醫，三十歲時王進琛得了重病，永玲回去探望，但對於嫁入王家之事仍不答應，於是退了婚約。

之後長子永松都不再普渡拜拜，因而又發生了幾年前的怪事；這時候長子才發現自己錯了，於是集合「五斗」念經祭拜。同時也在這時認出永玲即是「巧七」來轉世，也知道七月份時這些遊靈鬼魂都是在地府受刑罰的「靈性」，還有受傷的遊魂，需要做靈兒（泥偶）來醫治他們。

之後大哥（永松）一直睡不著，整晚只想著永玲，其他四斗也是如此，因此無法專心做工作，晚上一直聽到遊魂在求救。於是永松叫南斗去找永玲，但永玲卻一直迴避，如此一天過一天，中斗不知如何是好？

直到有一天，四斗全都到永松家，告訴永松說：「王家一直出狀況，整個家族都無法工作，請求要見永玲。王進琛因為病重，還是一直希望永玲能嫁入王家，幫助五斗解決事情。」

有天永玲回家後，巧四之「靈」來跟她說：「咱們這些人既然見面，就要解決因果。」之後永玲堅持不嫁入王家，但卻說王家若有困難可以來找她。

王家是個大家族，會議結果是不答應做靈兒（泥偶），因此五斗身體不適的狀況更加嚴重。不過還是有人堅持要做，所以偷偷做泥偶來安置無形眾生，不讓其他人知道。經過與無形靈性一直溝通，卡在五斗身上的這些靈性才漸漸退開。

五斗也很認真替這些「靈」醫治，有一回醫治中，突然有位靈性來說要「光」，要永玲的「光」，但永玲推說不被附身，所以堅持不來。

有位叫美足的女兒，拉著美足去拜託永玲，希望永玲能利用「靈兒」來醫治無形眾生，不要計較王家兄弟待你如何，要幫中斗照光，照完光永玲就離開。

中斗跟永玲說：「妳看要怎麼做，就怎麼做。」但永玲說：「你們五位如果個性不改的話，水卒、嬰靈會一直附身在王家莊的小孩身上，也會造成四斗身體不適，然而只有中斗不會，因為這些小孩必須靠中斗的手來醫治。」王家生意上並未有所影響，只是中斗很累，他需要醫治小孩。

永玲照光引起中斗之妻不悅，把靈兒（泥偶）全部摔破，因此讓很多無形眾生在等待。

結果員外就請外人來製作靈兒，造出來的靈兒永玲請中斗要點（開）光，靈兒未完成時又一批魚蝦水卒來要求造靈，永玲說可能要一段時間，泥偶才能做完。

之後中斗怕妻子誤會，所以移至外面做靈兒。這時中斗也已經能夠接受永玲，希望能把永玲娶進來，所以不管永玲答不答應，無論如何也要她嫁入王家，希望能完成做靈兒之任務。永玲說：「可以！但是只能做有名無實之夫妻。」

永玲之所以一直不願嫁入王家，就是已經知道林家玲是林石之「智心靈」轉世，也知道自己是嫦娥來轉世，為了避免重蹈后羿、嫦娥所造成的因果。

「靈兒」造靈一星期做一次，持續十二年之久，而永玲也開了一間藥舖，行醫救人過一生。

13 黃帝的由來

中國五千多年前獸靈猖獗，三清道祖傳承「道脈」。於四千九百年時期，部落人們的聚集，還是以「道脈」系統維持，這時鴻鈞老祖轉世為李姓，也娶了徐玉仙為妻子，他們栽植十甲棉花田，所生產的棉花都親手紡紗織成衣物給結拜兄弟姐妹穿，有一次棉花收成時，發現棉花田所種植的棉花都是黃色的，因此玉仙將這些黃色棉花織成兩套黃色棉袍給先生穿，而先生本身做事為人非常圓融，結拜兄弟也非常多，庄頭又需要有位領導人，因此大夥推舉他來當領導人，因為他又穿鮮豔亮麗的黃袍，於是順理成章叫他為「黃帝」。既然成為領導人，所以開始制定律法讓大夥共同遵行，自此「黃帝」開始傳承、傳位而流傳下來。

賢慧的黃帝妻子紡紗織布給這些結拜兄弟，因此黃帝的子女非常辛勞，很多村里的女性喜歡黃帝，黃妻也默認這些女孩為黃帝生下子女，所以當時的黃帝有非常多的子女，也因為如此，自古以來我們都會自稱為炎黃子孫。

黃帝的二兒子李文昌人稱「文昌帝君」。黃帝的兒子們都會想爭取繼承大位，尤其大兒子李文龍更是認為理所當然由他來承襲，因此努力學習道法、符咒法，一方面保護自己進而加害他人。

巧七（九鳳）被通天教主安排投胎朱家，取名為朱阿善，朱家與黃帝家為姨表親。朱家生有四女一男，朱阿鳳（小名阿華）、朱阿善、朱阿秋、朱阿秀、朱阿生。老二朱阿善生性喜歡唸經禮佛，在阿善十八歲時，其母親劉玉嬌壽誕，黃帝之子一同前往朱家為朱老夫人祝壽，黃帝遇見阿善時，就覺得她生性溫柔乖巧，便要阿善嫁給文昌為妻。雙方父母都樂見這樁喜事，於是就此訂下這門婚事。但是阿善她並不願意結婚，為了躲避這門婚事，所以就逃離家裡。

家人知道阿善逃離家後，很擔心會因為阿善的因素被牽連，導致家裡要遭抄家之災，於是大姐阿華就與文昌商量說明白，因為阿善不肯嫁過來，怕會受抄家之災，希望文昌在阿善嫁過來後將阿善當做妹妹一樣照顧她，不用真的當夫妻，文昌也答應此約定，要阿善放心嫁給他。於是阿華便去勸阿善要答應這門婚事，不然家裡會受牽連導致抄家之災，也跟阿善說她已跟文昌商量約定，因此阿善才肯放心嫁給文昌。

阿善嫁給文昌後，文昌也依照約定，雖然跟阿善同房但不同床，也無行夫妻之實，一人睡床、一人睡地板，阿善依然繼續唸經禮佛。

阿善某天看到文昌的大哥李文龍，抓貓狗在外面試練符咒法，阿善因長期唸經禮佛，於是能看到被李文龍抓去試法的「萬物靈」，覺得牠們實在很可憐。往後的每一天，都會看見被抓去試法的「萬物靈」纏繞在李文龍身上。

阿善覺得母后對她疼愛有加，而李文龍是母后的長子，將來也是一國之君，應該告訴母后這件事，讓母后來勸告李文龍。於是阿善找母后一同去看李文龍試法，母后看了之後也勸他不要再這樣抓「萬物靈」，阿善也跟李文龍說這些「萬物靈」一直纏繞在他身上，以後對他當黃帝時會不好，但李文龍覺得就是因為他日後會成為黃帝，所以才要練法護身，因此李文龍沒將母后跟阿善的話放在心上，依然繼續抓「萬物靈」來試法。

李文龍妻名為黃小苓，有一天黃小苓的父母與阿善見面，黃父看見李文龍之後詢問阿善，為何文龍看起來比文昌的殺氣還重？阿善並未回答，只說要黃父自己看、自己去感覺。

黃小苓的父母要離去時，跟文龍說：「你要跟著文昌好好學習，好好做人。」李文龍聽了之後心裡很不是滋味，心想自己對阿善也是疼愛有加，不懂為何阿善要在他岳父面前搬弄是非。

這時阿善已十九歲了，李文龍因為之前的一些是是非非，對阿善的誤會更深。有天李文龍跟文昌吃飯時，就問文昌說：「阿善為何要在母后與他岳父前挑撥離間，說他的是非？」但文昌認為阿善應該不會這樣，她不會是這種人，於是文昌就跟李文龍說他與阿善雖為夫妻，但是一直都以兄妹相待，沒有夫妻之實，所以並不了解阿善，說完後文昌還交代李文龍不要告訴母后，以免母后擔心。文昌也跟李文龍提到，他覺得阿善似乎有學法術的樣子，因為他與阿善同房睡覺時，看見阿善的身體似乎微微在發光，很是奇怪！在這之後，文昌開始提防阿善，也覺得阿善很可怕，於是就與阿善分房睡，文昌自行去睡書房。

阿善因為長期唸經禮佛的關係，在她二十歲的某一天突然憶起前世的事情，於是知道自己嫁到皇宮裡是個錯誤，因為李文龍的前世是「王石」，而黃小苓的前世是「巧六」，感覺累世因果又要再發生，因此阿善想要離開宮中，避開這因果牽連。

阿善用了好多方式要離開但是都失敗，所以阿善開始期盼家人會進宮來探望她，但是一直等不到，這讓阿善覺得奇怪，為何自從她嫁過來，家人一直沒來探望她，於是她就去問母后，才知道她的家人每次要進宮都被擋下。

有一天文昌身體不適，眼睛漸漸失明，母后找來很多大夫但都無法醫治文昌的病。在文昌生病這段期間，阿善都沒去照顧文昌，母后覺得奇怪，於是命人去找阿善來，責罵阿善為何她與文昌分房睡，虧母后這樣疼愛妳，且在文昌生病這段期間都沒來照顧文昌！阿善聽完訓斥後，答應回去照顧文昌。

阿善回去照顧文昌，發現文昌原來是因為他自己的「靈」受傷，受傷的靈進入他體內，所以才會眼睛失明，阿善知道她自己本身不是「靈醫」，所以無法為文昌的「靈」醫治，不過阿善卻知道她本身是「紅石」，文昌是「黑雷石」，於是她與文昌手掌對手掌，讓文昌吸收她體內的「光」，因文昌身體本身有「電」，所以眼睛也慢慢好了。這件事之後，文昌更加認定阿善學有法術。

當阿善知道文昌心裡的想法，知道文昌對她有誤會，於是阿善就告訴文昌，知道文昌心裡在想什麼！既然如此，那就請文昌幫助她出宮，但是文昌說因為父皇很喜歡阿善，對阿善疼愛有加，若是阿善離開宮內，父皇一定會很生氣，反而會因此讓家人受到牽連，恐怕阿善的父母都會遭殺頭，所以他也無能為力。而這情況一直維持到阿善二十一歲，阿善一直都很無奈，不知如何是好。

有一天，阿善跟文昌說前世的事情，但文昌卻說他一點感覺也沒有，所以並不相信阿善說的話。逮到機會，阿善就找文昌的三弟李文徹商量，阿善將前世的事情告訴李文徹，希望他能幫助自己出宮，然而李文徹在聽完後一樣不相信阿善說的，可憐的阿善為了要出宮四處碰壁，實在找不到人幫忙。

在母后壽誕的當天，母后設計文昌與阿善讓他們行夫妻之實，事後阿善也懷孕生下一女，名為李鳳君。

某天，李文龍帶了一位藝妓王美慧進宮。王美慧進宮後對阿善非常好，贏得阿善的信任。有一天，李文龍設計王美慧與文昌同房，事後王美慧要求文昌要娶她。阿善知道此事後也很無奈，她也知道王美慧就是林石的「智心靈」來轉世，所以只好答應文昌娶王美慧為妻。

雖然文昌娶王美慧為妻，但倆人並未有實質夫妻關係，明知婚後王美慧生下的三個小孩，都是李文龍大哥跟王美慧所生，但還是扶養他們長大，這是因為文昌受到要脅，他知道王美慧的邪術很厲害，若是不從，家族的小孩、親人以及村民百姓都將遭到死亡命運，所以文昌忍辱吞聲、獨自承受，來保護百姓安危。

王美慧很聽李文龍的話，當王美慧知道阿善生完第二胎李鳳國後，於是假好心要幫阿善做月子，特別帶了一瓶酒要阿善一定要喝，不喝等於是不接受她的好意，於是阿善在完全無戒心之下喝醉了。王美慧趁阿善喝醉睡著後，拿七吋釘子往阿善的頭頂釘進去，阿善因而身亡。那時候的婦人都會束髮鬟，因此醫官未能驗出真正的死因，只能草草將阿善下葬，而阿善的娘家渾然不知情。

事後因為李文龍常常聽到阿善「靈魂」回來哭的聲音，所以他與王美慧用法術要將阿善的靈滅掉。阿善的「靈」知道李文龍與王美慧要將她的「靈」滅掉，於是躲在廚房，等服侍文昌的李丁進來，再讓李丁聽到她的哭聲。李丁是林石的「智慧靈」來轉世，阿善跟李丁說明事情原委，李丁讓阿善躲在雨傘裡帶進皇宮，這樣阿善的靈才不會被滅掉。

因為李文龍會在每年的某一天，設壇要來滅阿善的靈，所以阿善讓自己的「十五條靈」在這一天分別躲在黃帝疼愛的十五個小孩身體裡，造成十五個小孩身體不舒服，頭發燒又昏沉。於是文昌想出用蔥與芹菜搗碎成汁給小孩子飲用，阿善的十五條靈性受不了蔥與芹菜的嗆味，靈性只好脫離避開，然後文昌再用他的手來醫治小孩，小孩個個恢復神智聰明。

有醫治小孩的能力，這也是因為文昌是中斗「文曲星」來轉世的原因，他先天就具有靈醫能力，有了這個事例流傳下來，這也是為何大家要用蔥與芹菜來祭拜文昌帝君的由來。

文昌與阿善所生的孩子是由李文龍之妻黃小苓來扶養教導長大，十五年後阿善想見女兒李鳳君，於是要李丁帶她去找李鳳君，然後阿善藉由李鳳君的體跟黃小苓說出自己是如何被李文龍與王美慧害死，但黃小苓聽後並不相信，阿善跟黃小苓說若是不信，可以開棺看一看，就會知道是真是假了。

黃小苓不相信，便找文昌的三弟李文徹一起開棺，看究竟是真是假，但先不讓文昌知道這件事情。事後他們發現事情真的如阿善所言，於是黃小苓便去找李文龍與王美慧質問，這讓李文龍與王美慧嚇到，趕緊想找出阿善的靈來滅掉。於是到阿善的墓地叫一魂轉一圈調出一條靈，直到調出阿善的十二條靈。回來商討時正好被李鳳君聽到，鳳君於是去找李丁商量要如何救出阿善的靈。而阿善也知道她自己的靈將會被李文龍與王美慧以第一世那時的方式滅靈。

李鳳君去找文昌，說母親已死很久了，鳳君也應該去認親找外婆，讓他們知道母親有生下我跟弟弟，還要李丁陪同前往，文昌認為應該如此便點頭答應。李文龍知道後開始擔心害怕，動用法術讓李鳳君一路上身體不適，因為李文龍怕李鳳君知道事情真相，回到阿善家後會跟家人說，所以才會這樣對付李鳳君。

回到阿善家後，阿善就附身在鳳君身上說明一切事由，也說李鳳君現在正被李文龍使用法術對付。然而鳳君的身體終究無法撐下去，被李文龍所施的法術害死。阿善轉而附身在妹妹阿秋身上，同時認出阿秋的丈夫周文祥即是「南斗」，於是跟周文祥說明因果關係，希望周文祥能出面處理，大家一起商討要如何破李文龍的符咒陣法。

大姐阿華要大家一定要幫阿善和李鳳君母女報仇，而阿善希望大家不要傷害李文龍的體，只要破他的「法」就好。那時李文龍為了想盡快奪得「黃位」，親自施符咒法來加害父親，甚至請他的師父陳一龍來到宮中幫他施法，於是雙方展開一場鬥法。事後李文龍自食惡果，殘殺自己的親生骨肉，自己也因走火入魔而瘋瘋癲癲過一生。

文昌知道所有事情之後，他的兒子李鳳國要文昌處置王美慧，但文昌不知如何是好，因為王美慧是自己的妻子，然而李鳳國因為太過於氣憤，便自行拿劍將王美慧殺死，文昌也在事後讓李丁返鄉養老，累世因果就這樣冤冤相報，結束此世。

假若當初文昌有公正廉明處置王美慧，也就不會讓李鳳國有機會殺死王美慧而再造成因果了。

14 火燒紅蓮寺

清朝慈禧太后時期，地方上有天地會、白蓮教與紅蓮教等各宗教。洪姑、陳劍龍兩夫妻與洪熙官、方世玉等人因家族關係在紅蓮教修行，洪姑跟很多姐妹在外都以佛法和寫佛來助人為善，若是遇到有人受到邪靈侵入，身體與精神狀況不穩，洪姑都會介紹這些人到紅蓮教修持。

然而紅蓮教教主洪玉華，副教主洪玉仙及白蓮教教主卻從事符咒買賣，事業經營得很大，甚至把符咒賣到官府那兒。白蓮教、紅蓮教賣符咒讓人貼門口鎮宅，洪姑不贊同此行為，因此勸人家放棄，改以「佛」字送人來貼門口，如此這般作為就擋人財路，因而引起白蓮教、紅蓮教不滿，兩教聯合起來害洪姑等人。

紅蓮教洪玉華與洪姑、陳劍龍兩姓人家都是以擔任保鑣維生，吳天霸原本也是洪家（洪姑）的保鏢，有一次因為箱子的鎖頭沒鎖好而被指責，洪家不讓他繼續當保鏢，因此他憤而離開去當山賊，勾結海賊，專門劫洪家（紅蓮教）的鏢物。洪水仙是紅蓮教教徒，單戀愛上陳劍龍，她為了想得到陳劍龍，竟到官府謊報事實真相，並通報官府說洪姑家跟陳家為了賺錢在賣鴉片，而只有紅蓮教的洪家是正當拜神明的教派，是替天行道的宗教不可抓，因此造成洪、陳兩家九族被抄斬。

幸好有人通風報信，洪姑、陳劍龍、洪熙官、方世玉等人未被抓，洪姑逃難時躲在紅蓮教，也把兒子陳繼志留在紅蓮教，紅蓮教提供他們吃穿，但若洪姑與洪熙官出了紅蓮教，就會遭官府追緝。

清朝官府怕「天地會」的人造反，深怕人們成群結黨，所以處處派人監視，若有人聚會就會遭到逮捕審問。方世玉、洪熙官是少林寺的人，兩人是好兄弟，而洪姑父母是天地會的人，所以洪姑、方世玉、洪熙官也是天地會人士，為了躲避查緝，路上見面也不敢打招呼。

洪水仙的符咒術法很厲害，他愛上陳劍龍，為了想得到他，倚仗王信達（道士）與吳天霸（山賊、海賊）協助撐腰，利用邪術及施蠱，讓「魔」侵入洪姑的先生陳劍龍，讓他喪失親朋好友及兒子的記憶，不記得洪姑是自己的老婆而鞭打她，也施「法」讓魔侵入洪姑的大哥及兩家的家人，導致洪姑有甚麼建議，兩家親人都聽不進去，只要是洪姑的親朋好友都免不了遭到符咒法毒手，另外施符咒法讓陳劍龍只認穿紅衣假扮洪姑的洪水仙為老婆。

白蓮教與紅蓮教這些師兄姐們的所作所為都是被「魔」入侵，他們暗地裡對洪姑動手腳，兩教一共用了一百〇八張布匹，每張寫上一百〇八道符咒及洪姑的生辰，唸咒、施法抽調洪姑元神，將洪姑十二元神調入紙製雨傘裡面再燒化掉，來滅洪姑元神，並且連洪熙官、方世玉及洪姑的親信所有人都不放過，幸好洪姑的先天靈性（紅光）能洞燭機先先行避開，才不致被滅掉。

紅蓮教教主愛上方世玉，因此施法將洪熙官十二地支神埋掉，讓洪熙官心神散亂，然後作法讓洪姑的先生愛上洪熙官。洪姑暗地裡將洪熙官與方世玉等眾人送到「紅蓮寺」調養，她行事作為極為謹慎，不讓紅蓮教的人察覺，主要也是因為兒子還在紅蓮教。眾人與陳劍龍在紅蓮寺經過眾師兄姐的協助，將他們的魂魄調回，所以原本記憶喪失近瘋狂的陳劍龍漸漸清醒。

當初洪水仙因為想得到陳劍龍，因此不能讓陳劍龍被官府抓走而有殺身之禍，所以將他迷昏送到「紅蓮寺」關起來，當然洪姑等人也同樣被關，紅蓮教教徒一不做二不休，同時也將寺裡的和尚全部關起來，這時候洪姑的兒子陳繼志才兩歲大。紅蓮教的人霸占紅蓮寺後，開始在紅蓮寺建造機關暗卡，販賣毒粉鴉片。

當陳劍龍恢復神智時，陳繼志也已然六歲，此時洪姑欽點多位「濟公」靈性，邀這些「濟公」共同將陳劍龍過去的「累世靈」調入其體內，以「清淨符」來淨身，再以一百〇八道符咒敲拍肉體，以「缽」驅魔，經過多次化解，累世靈之「道德天尊」才入體，陳劍龍才豁然醒悟自身職責，於是開始畫符咒與洪水仙鬥法。

因為達摩祖師、慧能祖師的靈性在「少林寺」，洪姑為了要救這些和尚，因此與洪熙官、方世玉溜回少林寺。洪姑回少林，靈性接軌進入洪姑體，教導洪姑打十八羅漢拳及步法，得到機關號鎖後回到紅蓮寺，救出大哥、小妹及所有和尚，再放火燒掉紅蓮寺，會用火燒「紅蓮寺」也是因寺裡面的機關藏有大量不義錢財及鴉片毒品。

洪水仙逃出紅蓮寺後非常不甘心，符咒法又鬥不過陳劍龍、洪姑等人，所以又去拜王信達道士為師，學蠱術符咒來害這些人。

當無形眾生想往西方修持，都被那無形符咒所縛，無法如願，必須以符咒來化解。陳劍龍醒悟救世職責，便以累世修持的符咒法解救眾生，其身邊之人洪熙官、方世玉也漸漸康復，一併請他們的累世靈入體，共同協助渡人靈到「西瞳淨土」修持。

渡化眾生功德無量，陳劍龍死後，「玉皇大天尊」敕封為「萬法祖師」，其餘多人被敕封「濟公」，這些濟公與宋朝時期的五位濟公，共同渡化二十億人靈至「西瞳淨土」，「蟠龍大會」至此暫告一段落。

陳劍龍過去的累世靈有：道德天尊、太上老君、文昌帝君、關聖帝君……。

洪姑過去的累世靈有：陳靖姑、如來、燃燈古佛、達摩、慧能、妙善……。

黑面濟公（第八）過去的累世靈有：靈寶天尊、太乙真人、釋迦佛祖……。

二〇一八年三月三日記錄

15 天經、地經、鬼經

母娘傳「懿旨」，經由玄奘（陳禕）靈駕執筆，完成當初赴印度取回完整的「道經」、「佛經」等經文公諸於世。

佛法起源

人類五千年前的「道法」，是為救渡眾生之法而傳承下來，然而演變成以「道」法來勾調人的靈魂、綁人的靈魂、抓人的靈魂、埋人的靈魂、蓋人家的靈魂……把人的七竅、五臟靈調走，殘害生靈，讓正統道法偏離正道，施放道法行徑亂來且沒處理好，造成眾生哀鴻遍野，這讓道統鼻祖鴻鈞老祖也為之汗顏。「道」明明說的那麼明確，然而演變到如此恐怖，讓地母非常心寒，所以地母覺得需要勸化世人，因此三千、大千、宇宙眾仙佛開會決議，要宣揚「佛法」。

地母為了讓每位神祉及眾生，都能知道「佛法」的好處，所以建議王母娘娘讓「北斗神君」降生到「阿拉國」傳「佛法」，地母於阿拉國國王夫人生產時，親自帶北斗神君去降生。當北斗神君一天天長大，阿拉國依舊非常混亂，國王治理得非常艱辛，在無法突破困境之下又遭遇殞落，「北斗神君」只好接掌王位。

當時國家社會仍在混亂，民心無法平靜之時，北斗神君治理國事弄得焦頭爛額，地母看這情形，知道「北斗神君」無法將「佛法」傳下去，而「北斗神君」夫婦又求天求地，祈求好的靈性來做他們的子女，地母想來想去還是找看得到、聽得到、有五通的「紅石」巧七，來幫助「北斗神君」將佛法宣化。所以地母啟奏王母娘娘、玉皇大天尊後，帶巧七去降生到「阿拉國」當國王的兒子徐克難。

地母奉命帶領巧七去降生後，地母時時刻刻都在保護他的肉身，保護他的父母親，以及文武百官。克難多誕生之時，「佛法」也立即降臨，而「魔」也於此時開始入侵搞破壞。金魔、木魔、水魔、火魔、土魔（五魔）都在這個國家殘殺無辜百姓，造成無法無天的局面，克難多的父親每天以淚洗面，煩惱國家該如何興旺強壯，然而不論他怎麼努力，文武百官仍受魔影響，總是處處干擾，造成政策失策。

地母眼見如此，非常心痛，於是跟巧七說一定要好好宣揚「佛法」。故巧七（克難多）降生三個月時，地母就讓他講話，藉由他（巧七）的聲音讓父親認識「佛」，並且唸「佛經」。克難多第一次開口就說：「我是誰、誰是我，生生死死、死死生生」，這就是巧七轉世如來所唸的第一句話。之後要求他的父親（北斗神君）寫「金剛經」，要求百姓及文武百官唸「金剛經」還有「地母經」，以及唸「南無如來佛祖」，「阿拉國」便以這「金剛經」來戰勝撒旦。故「金剛經」出自阿拉國國王所寫。

佛經裡為何還有《地母經》，那是因為地母協助如來「佛法」的傳承。這些妖魔肆無忌憚侵入「阿拉國」，因此剛開始傳「佛法」是非常艱辛，當這些經文在七七四十九天的傳誦下，全國百姓變得好管理，繳稅都能如期圓滿。

如來一天一天長大，「阿拉國」也一天一天變平順。地母跟國王託夢：「要放棄你這個兒子，要把你這個兒子捐出去給眾生，因為原先該你盡的職責未能做出來，他必須替代你去執行完成。」國王聽從地母的話，開始分財產給子女，一個分給他江山，一個只分到兩套衣服就被趕出家門，所以國王沒給如來鞋子穿，只有給他兩套衣服及托缽，就讓他出去宣揚「佛法」。

經文起源

地母靈性跟著如來出去傳佛法，指引他往「地王國」方向前進，因為那邊有貴人，而且很需要如來幫助他們。「地王國」這個國家一樣很窮困，人民沒水沒東西吃，所有七月出來的惡鬼惡魔都聚集在這個國家，因此非常混亂。如來來到「地王國」遇到地王國王子金喬覺（地藏王），地母叫如來要住下來，好好教導金喬覺，並在這個國家宣揚佛法。

地藏王的父親見到如來，心中非常高興，盛情招待他。如來告訴國王，因這個地方名為「地王國」，所以可以叫全國百姓唸「地藏王菩薩」佛號，這個佛號非常奧妙，而地藏王也就成為如來的第一個弟子。如來自「阿拉國」出宮到「地王國」可說是非常艱辛又可憐，還好金喬覺的父親護持相挺，而金喬覺又是一位心慈的靈性，也展現出要救眾生的願景。

地藏王問如來三魂的出處，如來說：「三魂有一魂（智心靈）是先天靈性，拿牌（令）降生，將來到地府清算功過，另外一魂（智覺靈）到祖先牌位報到，第三魂（智慧靈）是在肉體埋屍骨甕處，其餘魂魄就成為遊魂。」

「遊魂是人的五臟靈、七竅靈、十二地支神脫離肉體後四處遊盪，分散五方，沒人教育，無法回到地府，也無法轉世投胎，因此佔地為王不願離去，又不許其他靈性到來，造成遊魂的失序。」

為何遊魂無法歸回地府呢？天規、地規、人界規，當初無形界所訂下的規律就是如此，先天靈性拿到投胎令牌後，就會到東、西、南、北各地去找其他好兄弟、好姐妹的遊魂，要求合體降生，招好靈性後再經指派官認可，然後安排各遊魂靈性鎮守在七竅五臟後，方可投胎轉世。

地母靈性跟如來說：「地府那麼多的靈性，鬼經可有辦法周全？」因此才由地藏王撰寫出四方經文、五方經文、八方經文讓那些遊魂看，東邊的遊魂看東方經，北邊遊魂看北方經，南方遊魂看南方經……讓各方都有經文看，遊魂經過經文教育，讓他們知道何去何從。所以說天經、地經、鬼經、四方經、五方經、八方經這些經文都出自「地王國」。

如來跟地藏王講這些經文作用後，地藏王隨即發出口願：「地獄不空誓不成佛。」如來問地藏王：「有生就有死，地獄怎麼可能會有辦法空？」地藏王回答：「怎麼會沒辦法！就像老師所說的，等到將來復古收圓，地府全部改建重整，地獄刑罰及刑具都要清除，所以地獄會空掉。」如來：「有理，真的有理。」

如今「宇宙大行殿」領天命，已然將地獄刑罰刑具廢除清空，重建各堂供修行講法地方，並且由三藏與道德神君辛辛苦苦地再將經文謄寫出來，讓眾生好好來看經文，當所有的神、鬼降生做人，這天經、地經、鬼經就是他們必看的經文，必須遵循的規矩，所以經文更有必要傳承下去。

二〇一七年八月二十九日地母鑾駕敘

第三章

【佛】脈傳承歷史

1 如來佛祖

古印度時「阿拉國」老國王育有三位王子，就在老國王把王位傳給大王子之後，新的國王（大王子）卻遭到老國王家族及兩位弟弟的反對，強硬地逼迫他要讓出王位，弄得他無心理政，國家災難不斷，沒辦法顧及人民生活的疾苦。

心地仁慈的王后，誠心祈求上天來幫助這個國家，讓這個國家能夠平靜，百姓生活能安寧。在一年多持續不斷的祈禱下，其心至誠感動了天界地母娘娘、玉帝及眾仙佛，所以神佛們一致推薦「紅光」降世來解救「阿拉國」。不久之後，三王子徐克難就在阿拉國出生。

自從徐克難出生後，天相轉和，一股祥和溫暖之氣，使原本動盪不安的場面稍微緩和下來。三王子天賦異稟，與生俱來能看出人們藏在內心深處的心魔。

當徐克難十四歲時，兩位叔叔又來宮中逼國王讓位，並且執意要如此，此時三王子遂向國王提議，請國王帶領全國百姓一起唸出「佛」號來驅逐心魔。國王贊同三王子的提議，於是全面張貼告示，全國百姓也願意配合。可是國王家族的堂叔輩及兩位弟弟，不相信唸佛號可讓國家平靜祥和，三王子告訴他們說他們前世和國王都是兄弟至親或是夫妻兒女，所以不必如此爭奪政權王位。

三王子持續一年多的勸化，首創以「佛法」引用經典，叔叔們在佛號及佛法經典軼事的引導下，心靈意念漸漸安靜平和，而國王也覺得三王子真的能夠看出人心靈的「正」與「邪」的意念。

三王子十七歲時，國王因自覺身體衰老，於是在早朝的時候把王位傳給大王子，二王子分得爵王位與一些土地，只給三王子一個鉢和兩套衣服，因為他知道三王子創立「佛法」，需要到各處去傳述佛法，因此功名利祿不屬於他個人擁有。

為了徹底把三王子奉獻給眾生，於是當眾解除三王子的姓氏，爾後在外講述佛法就用「如來克難多」的名字。在克難多要踏出城時，國王把他鞋子脫掉，要他了解並感受眾生的疾苦，國王也不准宮內任何人幫助他。於是克難多就這樣赤著腳沿路托鉢，利用樹葉瓢壺飲水，在樹底下傳述他創立的「佛道」理念。

有一天，如來克難多來到一處河邊，「地王國」王子「金喬覺」聞風特地趕來迎接貴賓，他們剛好看到一對母子，兒子正在向母親要銀兩，卻沒有要到，因此把母親殺死，金喬覺覺得在他的國度發生這種事很慚愧，如來克難多當下告訴這位殺死母親的兒子，說他殺死母親，是因為他心理浮現出前世殺父仇人，而這仇人這一世就是他的母親！如來克難多講述佛法，喚醒他為人兒子應有的理性後，他非常後悔自己的所作所為，並向如來要求跟從在旁，願意一路守護如來的安危。

金喬覺看得心服口服，就把「地王國」正在不斷鬧旱災及天災，造成民不聊生的遭遇及各種困難告訴如來。

如來克難多告訴金喬覺，這件事要靠很多人團結在一起，崇信「佛法」去除邪魔，神佛才能幫助我們來做恢復家園之事。金喬覺認為很有道理，又怕國王一時不能接受，只好先說服母親和兄弟姐妹及一些親近的朋友開始接受佛法。

如來這時就教眾人唸「南無地藏王菩薩」的佛號，越來越多人接觸佛法、唸佛禮佛。過了一段日子以後，國王感覺宮中的人開始有禮貌，大家開口就唸出佛號，文武百官做事也有條理，「地王國」全國上下倍覺親切祥和，和過去比較簡直是脫胎換骨，天災人禍慢慢消失，人民生活也獲得改善。

國王仔細探查，發現原來是如來克難多把「佛法」帶到「地王國」，國王了解以後非常高興，答應王子金喬覺追隨克難多四處傳述佛法，人民尊稱如來克難多為「佛」的始祖，「地藏王菩薩」就是金喬覺的佛號。

如來克難多由弟子們陪同，一路上講述佛法，不知不覺來到全國上下大多是男人的「男人國」。這男人國內部很亂，時常為了一點小事就大動干戈。

然而接觸如來傳授佛法時，那種心靜平和、正直、無邪、虔誠禮佛的態度，就好像大炎暑的天氣時，浸泡在瀑布下，那種清爽無比的感覺，即刻被眾人所接受，因此由男人國王子帶頭領導其兄弟至親及朋友都加入佛門。如來隨即為眾弟子取佛號，如：小如來、大如來、大日如來、大裕如來、大廣、大目、大千、大立、大智、大露……如來名稱。「男人國」王子佛號是廣大如來，國王特地興建精舍請空請如來（克難多）做為弘揚「佛法」的道場。

「阿拉國」現任國王（即如來兄長）得知佛法在「男人國」廣獲肯定，即刻把王位傳給兒子，火速趕到男人國加入佛門，如來也賜與兄長「大心如來」的佛號，如來二哥則為「大千如來」的佛名號。

不遠的地方是「女人國」國度，由於地理淵源及水源環境影響之下，全國都是女人，女王林阿娜為了替公主找門親事，派人至男人國向其王子提親（招親），由於男人國王子（廣大如來）已歸入佛門，因此沒有答應，女王非常憤怒，放話要出兵來發起戰爭。

於是廣大如來請師父出來化解。如來克難多即帶領部分弟子來到「女人國」，尋求解決辦法。女王向如來說明，因為「女人國」對外招親之後，生不出男孩，為了傳宗接代，不得已只好至「男人國」尋找對象，心想「男人國」都是男眾，應該不會計較少了一個男眾。

女王態度很固執，沒有理會如來克難多的建言，還把如來及眾弟子監禁，隨即召集兵卒向男人國宣戰，激戰一百零八天，雙方都已精疲力竭，死傷無數。

如來克難多與弟子在被監禁的地方還是每天禮佛、口唸佛號，並對外面講述佛法，周圍的兵卒受其感動，也跟著唸「如來佛」，因此大家心靜都能平和，於是佛法在此已產生共鳴。

女王打仗回來後，身心俱疲，看到留守兵卒齊聲唸佛備感溫馨親切，頓覺精神一振，深切體會出「佛法」的力量。於是女王帶領文武百官接受佛法，百姓也齊聲唸佛，祥和之氣飄逸整個國度，大夥顯露出女性溫柔體貼的本性，因此女王帶領部眾欲加入佛門為其子弟，但如來克難多沒有接受任何一位女人國弟子，只請她們認同佛法，能夠唸「佛」、體會出佛法即可。

男人國與女人國已在佛法薰陶改變之下，互相之間不再敵對，如來建議兩國水源要互相接通，兩國城池周圍的泥土互相交換一些，在水源同流、土壤混合後，男人國與女人國人員也相互交流，男人國漸漸有女孩子出生，女人國本土也有男孩子降世，男人國與女人國在如來「佛法」引導之下，圓滿收場落幕。

後敘：如來徐克難始創佛法，由彌勒佛繼續宣揚，接著由燃燈古佛續揚佛法，其弟子悉達多（釋迦）僅承佛脈，再由始祖達摩祖師、二祖神光、三祖僧燦、四祖道信、五祖弘忍、六祖慧能，佛法代代相傳。傳延至今，遍地都有佛寺，而佛光普照。

2 燃燈古佛

如來佛祖徐克難八十九歲大壽完成佛法傳授後往生，回彌天見母娘，母娘告知「蟠桃大會」時已把「佛脈」傳開來，萬物惡化靈性雖稍已緩慢下來，但佛脈不能中斷，且彌勒祖師領受任務後也已經下凡開始執行使命。

彌勒祖師降生在印度天竺國，他投胎轉世時沒有喝忘魂水（孟婆湯），因此他知道自己背負著天命，要刻寫「佛」字來渡化眾生，然而刻寫「佛」字需要很多人力採割樹皮，費時又耗日，因此四處廣招人馬。

母娘帶如來覲見玉皇大天尊，玉帝說佛脈傳承一刻都不能怠慢，立刻命如來下凡接手佛脈，降生到楊家（楊燃燈）第十八個女兒，指示楊家所有十九個女兒都要幫助彌勒祖師完成刻寫「佛」字，渡化無形眾生之靈性，爾後再安排南斗降生悉達多（即釋迦牟尼佛）接任。

彌勒祖師三十五歲找到燃燈時，她才十五歲，因此燃燈小了彌勒祖師二十歲，而悉達多又比燃燈小十五歲。彌勒讓燃燈與悉達多雙方互相認識，談到佛的傳承以及剝樹皮刻寫「佛」字需要大批人力等。

楊家十九位女兒有些已嫁出，難能可貴的是還繼續幫忙四處割取樹皮，以供應刻寫「佛」字，彌勒祖師請燃燈用第三眼（即紅光），看出刻一個「佛」字引渡一眾生「靈」至彌勒淨土，渡化的工作都順利成功，因此有緣者陸續加入陣容。此時楊家第二十個兒子（王神轉世）也降生下來。

話說鄰國羅衛國王后生下悉達多（南斗轉世），一周後王后因難產身亡。國王淨飯王失去王妃相當心痛，於是暗中派人調查原因。發現天竺國多人大量四處刮樹皮，此時淨飯王心中質疑是否因為此事才會有所影響，因此出動武士嚴抓盜割樹皮的人。燃燈得到消息後，立刻叫大家改用樹葉寫「佛」字。

淨飯王對悉達多疼愛有加，待悉達多長大後便帶他到城外四處遊歷。燃燈得知悉達多出城門外，便夥同姐弟設法接近他，由小弟楊燃德喬裝重病到痛不欲生，其他人則喬裝成餓得身體皮膚起皺紋，或是大肚子婦孺、小孩等可憐之人，讓悉達多接觸到生、老、病、愛、恨、離、愁後，思考他應該如何做。

當悉達多見狀若有所悟時，燃燈知道他心裡已產生反應，於是趁此機緣告訴悉達多：「雖然你妻子身懷六甲，父王又期望你繼承王位，但無論如何你都要放下這些榮華富貴。我是『紅光』轉世，你是『南斗星』降凡，我們同是奉天命來傳承佛脈，以佛理誦經來安撫眾生靈性，讓眾生靈柔和的一面顯現，配合祖師以『佛』字引領至彌勒淨土修持，然後回歸原靈本位。」悉達多聽完後若有所思，回應：「等妃子生完兒子平安落地後，才能跟隨老師修行佛法。」語畢，即刻回宮去！

日子很快過去，悉達多的妃子臨盆已告一段落，燃燈即命楊燃文（楊家第十九個女兒）、楊燃德兩姐弟去接應悉達多出宮。出宮之後，悉達多徬徨不知如何去「行」，因此來到一棵很高大的菩提樹下靜坐，連楊靈文送來的食物都沒有吃，就這樣在菩提樹下靜悟。此時四周妖魔鬼怪百般阻礙，並沒有動搖他的信願，等悉達多通過考驗，燃燈試探其心靈的感應如何，便提醒他回想一下「我是誰」、「誰是我」，而悉達多回答：「我不知！」

悉達多回到宮中後，常常自我發問「我是誰、誰是我」，腦海忘不了眾生痛苦、疾病、生、離、死、別這些事，而父王又希望他能繼承王位，所以這些問題讓他很掙扎，後來淨飯王也發覺太子神色異常。

有一天楊燃德偷偷溜進宮，帶王子出城見彌勒祖師，祖師也是這般說法：「我來降世時未喝忘魂水，因此知道領天命做何事，而你世尊是要傳承『佛脈』，傳授廣大無邊的佛法，因此你要追隨燃燈，離開宮中至各地宣揚佛法，傳誦佛事。」於是悉達多立即隨眾出發。

「羅衛國」國王淨飯王得知太子和楊家姐弟離開宮中，即刻派遣護衛隊一路追殺楊家姐弟等眾。燃燈帶著楊家姐弟及悉達多，躲藏在山裡面，每天吃山水果、野菜，甚至草根、樹葉，逃亡一百二十八天不知何去何從，大夥只好請彌勒祖師收留。祖師指示大家要離開羅衛國的國度，逃亡至「阿拉國」，而在此地有二百多名被感化者願意追隨前往。一路上國王護衛緊迫追殺，因為隨行人數眾多，難免就會有人員犧牲。

燃燈沿路採樹葉寫「佛」渡眾生，這職責可能會因逃亡而毀在國王的手中，因此燃燈帶楊燃珠、燃奇、燃文七位姐妹和一位表哥（中斗）同行，一起去阿拉國，一姐、二姐、三姐和一部分師兄師姐留下，繼續寫「佛」渡化眾生靈。

見到阿拉國國王，燃燈表明受到如來指示到此投靠並傳承佛法，且說出如來徐克難的真正名字。國王聽了燃燈的話，才收留隨行二百二十八人，並特地興建佛堂精舍供燃燈傳誦佛法、經文，讓他們安頓下來。

沒多久，淨飯王的護衛傳回此消息，因此國王調兵攻打阿拉國，阿拉國在沒有防備之下損失慘重，楊燃文建議悉達多回羅衛國，悉達多堅持不回頭，但羅衛國兵馬眾多，聲勢浩大，雖然在阿拉國住了十個月，但情勢危急，被逼得非離開不可。此時燃燈不知該如何是好，想到如來時代與「地王國」相處過甚，於是帶著大眾往地王國出發。此時傳來消息，楊家父母、三位姐姐及所有九族、姑親都被淨飯王抄斬殺害，姑表大哥（中斗）因回家收拾九族及楊家骨灰，也慘遭殺害。

燃燈被國王迫害威脅，逃亡的顛簸路上雖然很累很辛苦，但仍抱持歡喜心來到地王國。燃燈說出慈悲的地藏王菩薩託夢，指示來到地王國是要傳誦佛法，國王對燃燈很禮遇並收留之。

一年後，又被羅衛國國王知情，立即通知地王國不能收留燃燈眾人，否則要把此地夷為平地，燃燈只好帶著一行人前往「女人國」。

如來生前有幫女人國處理過風水問題，可是現在依舊女性人口佔多數，所以一些隨從男眾被抓去當丈夫，燃燈吩咐弟弟留贅女人國，其他人藉機逃出，可是未能如願，一行人被軟禁八個月，燃燈與女王談條件，希望能在女人國講解佛法經文，女王沒有答應。

雖然姑表親大哥（中斗）已過世，但其靈魂仍跟隨在燃燈旁，於是大哥把一條亡魂惡靈趕進女王身體，讓女王身體很痛苦。燃燈告訴女王說：「妳已中了邪氣，必須辦法會驅逐邪靈惡靈。」女王只好答應。

因有姑表親大哥在旁協助，燃燈吩咐悉達多捏泥偶用來醫靈，諸護法之中有四斗在裡面，中斗之靈附在四斗之手來醫治亡魂，因此三天法會辦得很成功，女王得以康復，很是高興。於是燃燈在女人國住了三年之久，但羅衛國的追兵又來，無法在女人國再住下去了。

燃燈想起如來時代有去過「舍利國」，當時舍利國曾向阿拉國進貢，舍利國上下篤信佛法，因此當燃燈大眾來到，全國人民都以禮相待。可是舍利國王有三位女兒，同時看中悉達多的一表人才，要悉達多做夫婿，國王說：「佛（學佛之人）也可以娶妻。」燃燈答說：「悉達多已娶妻，也有父母兄弟姐妹，要做到無牽纏、無罣礙才有辦法渡眾生。」但是三位公主還是糾纏不清，燃燈覺得盡量不要一口回絕，不得已只好多說好話，瞞天過海拖延時日來做事情，才能在此長住等待時機。

舍利國國王並不嫌棄悉達多已經娶妻，執意要悉達多娶三位公主，可是燃燈一再拖延時日，終於被舍利國國王發現他在隱瞞事實，因此國王非常生氣，斬斷燃燈的一隻手，並揚言如繼續欺瞞，一定要割他舌頭。

一位好心婦人採集藥草替斷臂的燃燈止住了血，北斗將燃燈之斷手與身體醫好（中斗「靈」借北斗身體醫無形的靈體），燃燈斷手後打開慧眼一看才知道，林石、王石之靈附在弟弟燃德身上，巧六之靈在三位公主身上轉來轉去，燃燈看到惡靈如影隨行，修行的路上已然蒙上陰影，想必百般難行，無奈弟弟這般乖巧聽話，誰知靈性（林石、王石之靈）卻是如此惡極，燃燈悲從中來放聲大哭，弟弟卻趕緊過來關心，燃燈也只好無奈回答：「順其自然吧！」

緊接著羅衛國又派兵追殺過來，燃燈只好離開舍利國，眾人經過一番躲藏逃難，來到了「大尊國」，這是一個人口不多的小國，但瘟疫在此一直擴散不止，燃燈眾人中有人稍懂藥理，即留下來幫忙人民，抑止疫情不再擴散，救回不少百姓，國王對眾人非常感恩，燃燈把被追殺的過程告訴大尊國王，國王聽後乃安排一處隱密安全的地方讓他們住下。燃燈及眾人在大尊國住了二年又一個月後，追兵又出現了，只好逃離大尊國到山區，靠採摘野菜、山水果過活。

這山區剛好就是南天竺的「香至國」國度，燃燈等人躲藏四十九天之後就被香至國國王的兵馬所抓，以剝竊樹皮之罪定案，二百九十六名隨從被釋放，其他全部斬首。

受到命運因果作弄，燃燈與楊家姐妹回中天報到，見到地母娘娘，母娘安慰他們，請中斗將「靈」調回，醫治後一起覲見玉皇大天尊。彌勒祖師回到中天，告訴燃燈說：「這次總共渡化二十億原靈，最後為了剝樹皮而被降罪，因此燃燈姐妹皆記大功一件。」

玉皇大帝也告訴燃燈，令徒悉達多沒人幫助，所以要燃燈立刻下凡幫助悉達多，燃燈聽聞後手腳發軟，母娘勸燃燈定要再輪迴，幫助南斗，並拿出南斗降生悉達多之前所寫之旨文，況且五色光、六星、七星與眾人都要下凡幫忙。可是當燃燈知道要降生為殺己之人的兒子就很生氣，母娘安撫燃燈不要想這些，傳承佛法之事才是要緊。

「香至國」王后即將臨盆，於是燃燈奉旨降生香至國三王子，名達摩。

3 達摩祖師

當燃燈古佛輪迴要降生達摩時，中天也調動所有仙佛靈性來降生，而降生者都要喝忘魂水，這時彌勒祖師對楊燃文說：「你也要再降生，不論遇到任何困難都要忍耐。」之後交代燃燈不能喝忘魂水，這樣就能幫助釋迦牟尼更多。於是燃燈降生達摩，燃文降生為文殊。

苦心世尊渡達摩、禪悟前世了燃燈

釋迦牟尼佛那時感化很多王子及貴族（包括文殊、目犍連、阿難尊者……），世尊得知燃燈已降生為達摩。達摩很喜歡打獵，因為達摩會把獵物孝敬雙親，因此獵到獵物時會非常高興。

世尊知道達摩已完全迷失自己，感到非常頭痛。為了渡化達摩，世尊專程在達摩打獵的地方等他，世尊問達摩：「你為何要打獵？」達摩回答：「獵物本來就是要給人們吃，這是天經地義的事。」世尊說：「你這樣會被獵物之『靈』纏身！」達摩對世尊所言表現出一副不以為然的態度。

達摩的父親（香至王）與世尊本是舊識，有次達摩父親生日，邀請世尊前來，全國百姓對世尊蒞臨都非常高興。世尊跟國王說：「你的三位王子人品都很好，但一定要修身養性，而且要『唸佛』，惟獨三王子達摩殺氣太重，希望國王告訴三王子不要殺生，否則國家會有很多災難。」

世尊看到這地方聚集了很多眾生靈與萬物靈，達摩父親沒多久就被這些「靈」纏身而病倒了，而且咳的非常嚴重。

世尊在這住了三天後，對國王說：「渡化這些萬物靈與眾生靈要辦七天的法會，也要請三位王子一起唸經。」可是達摩不相信父親的病會因此而好轉。當法會開始的第一天，達摩還不當一回事，世尊勸達摩說：「如要父親身體好，你一定要打坐唸經，父親才會好轉。」

世尊請達摩要禪坐，禪坐中來回想前世，要達摩想著自己是從哪裡來的。世尊跟達摩說：「你是燃燈來降生。」達摩說：「我是男將，哪有可能是女將來轉世！」世尊說：「人本來就有因果輪迴，有女將與男將互相來轉世，所以你定要相信這因果。」

當達摩盤坐到第七天時，看到燃燈被斬首之情景，且看到姐妹們都埋在一起，也知道自己的骨頭埋在那裡，於是達摩對世尊說：「想看自己的骨頭。」世尊對達摩說：「地方在哪裡？」達摩看到石碑上寫著燃燈的名字，以及眾家姐妹的名字，而且也知道眾家姐妹已轉世到何處去，因此悟到自己要做什麼。

達摩對世尊說：「我已悟到了『師渡徒，徒渡師』這句話之涵義。」並對世尊說：「要先把家裡安排好，才能跟世尊一起去修行。」

國王一直想要達摩來接掌王位，然而達摩對父親說：「我已悟到了，我是燃燈來轉世的，非常感謝父親的養育之恩。」這時候燃燈之「靈」附身在達摩身上，對國王說：「你這幾年所有的病痛，是因年輕時將燃燈姐妹斬首而被纏身的。」國王聽了非常害怕，對燃燈說：「我如果知道會有如此因果，絕不會如此做。」燃燈也對國王說：「本來芸芸眾生要渡很多億，卻因你的斬首，只渡了二十億。」國王請求燃燈：「不要讓我病痛，如有來世我定會幫忙。」

之後達摩就跟隨世尊去修行，此時達摩年紀才十八歲，而燃燈的眾姐妹也都降生在世尊身旁，做世尊之徒弟。

達摩離開前，大哥、二哥曾對達摩說：「達摩，難道你一定要離開嗎？在國內不能開一間佛堂嗎？」達摩拒絕並對大哥說：「你一定要唸佛，否則國家會多災多難。」勸二哥一定要輔佐大哥，並且要全國人民唸佛。

當達摩到了世尊的精舍時，世尊對達摩說：「你已知道你來了幾世！絕對不能對任何人說出你是誰，是誰來轉世。」因此，在這之後達摩盡量不言語，反而造成了精舍的人對達摩產生排斥。

有天文殊在禪坐時看到了無頭鬼（其實是前世自己被斬首的靈，而文殊自己不知道），便對阿難尊者說：「自從達摩來此精舍後，我會心神不寧，做事不能專心。」阿難尊者與目蓮也都對世尊說：「達摩住此卻對大家很冷漠、沒有親切感，而且我們會有壓力，能不能不要讓達摩住精舍。」世尊為平眾怒，便要達摩在後山修行。

目蓮下訪地獄行、達摩力保惡靈渡

世尊眾徒弟中的迦羅、耶羅兩位師兄，有天對目蓮說：「我在打坐時，看到你的母親在地獄受刑。」目蓮便對阿難尊者說：「父親信佛，長年吃素，年老身體不適，母親便用牛肉給予父親補身體，難道母親這樣就要去地獄受刑嗎？」於是同修師兄便建議目蓮禪坐，讓「靈」前往地獄去察看，並燒一支有形化無形的法杖，給目蓮前往地獄時拿著。

地獄梯相當陡峭，目蓮下地獄時不小心將地獄門打破一個洞，驚動了十殿閻羅，「地獄王」即將目蓮找來，問目蓮為何來此地獄？目蓮答到：「因為有位師兄看到母親在地獄受刑，所以我過來查看！」地獄王說：「因為你打破地獄門，讓一些惡靈跑出來，所以你不可以走！」於是地獄王捉住目蓮「靈」，開始刑罰祂。

過了三天，目蓮「靈」都沒回來，目蓮的肉體口吐白沫，同修的師兄見情況不對，於是就去請世尊前來。世尊看了之後便說：「快去請達摩來！」世尊對達摩說：「你要大顯神通，趕快查看目蓮『靈』是在何處？」達摩慧眼一看便知道目蓮是被關在地獄一殿受刑，世尊便要達摩去救目蓮，也請阿難尊者和達摩一起下地獄去，世尊同時也交代達摩與阿難尊者要好好與地獄王溝通。

於是達摩與阿難尊者各自禪坐在目蓮兩旁，靈魂出竅到地獄去了。到了地獄，達摩查看到地獄梯是如此陡峭，目蓮才會溜滑下去，而不小心撞到地獄門，所以達摩便找地獄王來看，告訴他目蓮不是故意撞地獄門，達摩也對地獄王說：「目蓮是地藏王降生的，當初救眾生也有功德，所以希望地獄王能開恩謝罪。」

地獄王即帶著達摩、阿難尊者、目蓮去看孽鏡台，看看目蓮的母親情況如何。原來母親前世才生世尊，死後立即來降生做目蓮的母親，目蓮母親在中天時發願，如果生為女人都要生佛子，所以被中天玉皇大天尊封為「佛母」。因此地獄刑牢裡沒有目蓮的母親，目蓮的母親是到地獄講經說法的「佛母」。

這時達摩要求十殿閻羅，看在我是如來、燃燈來轉世，也用如來、燃燈、達摩三條靈給予保證，經押印保證以後會將這些沒喝忘魂水的惡靈收回，地獄王便將目蓮的魂交與達摩帶回。

這時目蓮也發出口願：「如無渡化地獄冤魂盡，誓不成佛！」達摩跟地獄王說：「這些從地獄出來的惡靈都已經到中土去了。」地獄王也請達摩轉告世尊說：「世尊也要負起這件事的責任。」一殿閻羅交代阿難尊者說：「你也要負起責任！」阿難對一殿閻羅說：「請你放心，以後降生也會幫忙渡化『三曹』的眾生。」

之後三人的靈就返回陽間，目蓮也回神過來了。世尊問其過程，達摩就一一詳述給世尊知道。達摩也對世尊說：「恭喜你了，恭喜你母親已在中天與地府被封為佛母了。」世尊聽了熱淚盈框，其他同修師兄弟聽了也一樣。達摩對世尊說：「這些從地獄跑出來的惡靈已跑到中土去了，而且進入懷孕的婦人強行降生」（生有正常因果）。

達摩弘佛赴中土、山賊感應隨行護

世尊詢問有誰自願去中土弘揚佛法，因責任非常之重大，一時間沒人敢回應，於是三天之後，世尊私下找達摩，告訴達摩說：「此重責還是要你去才行，希望你能去中土弘揚佛法、渡化眾生。」達摩說：「如果我去中土必多災多難，也有可能今生今世便無法再回來見世尊。」世尊交代三個錦囊還有幾顆仙丹，並送袈裟及衣缽予達摩，囑咐達摩如在危急之時必須打開錦囊解圍，世尊也對佛門弟子說：「去中土的責任已交給達摩，三天後要與達摩餞別。」

世尊單獨跟達摩餞別，用三杯清茶敬達摩，告訴達摩：「你前世是燃燈，也是我世尊的老師，此去中土會受很多苦，而且會遇到很多災難，所以百般要忍耐。」同時寫了一封信給少林寺住持，告訴他達摩將會成為一代宗師，而且佛法將傳到第六代為止，最後世尊祝達摩一路順風後放聲大哭。

達摩在三十九歲離開印度之前，想先回到自己的國家，於是在精舍徘徊了七天七夜，想著是否要回去看父母與兄長，也想看看前世（燃燈）時的自己和姐妹們，與一百多位隨從骨灰。

當回國行程中看到大哥非常專心在處理國政，也很誠心在唸佛、修行，卻無意中被二哥看到，達摩告訴二哥：「我的使命是在中土，因為目蓮打破了地獄門，很多惡靈已往中土，必須去中土渡化。」二哥心想這是目蓮所造成，應該是目蓮要去承擔一切，所以二哥堅持不讓達摩去中土，並大聲喊叫父母、大哥前來。達摩對父母、大哥說：「我是如來、燃燈來轉世，必須弘揚佛法，也必須前往中土渡化許多眾生，否則會對不起栽培我的金母娘娘、地母娘娘。」

此時母親捧了很多銀兩要給達摩，達摩認為攜帶銀兩不方便，因此婉拒說：「我只要一個缽就好。」母親心想達摩身為一位王子，命運居然如此坎坷；而達摩心想此去中土，不知何時才能再回國，心裡感慨萬分。隨後達摩就拜別祖先、父母、兄長，親朋好友也送到城門外與他餞別。

在前往中土的途中，達摩遇到了一位老人及他的兒子，他們被土匪打劫，妻子被土匪殺死，老人希望達摩能將他十四歲兒子帶在身邊一起前往中土，交代後老人隨即自殺身亡。達摩幫少年取名達基，一同前往中土，途中一邊唸佛一邊勸化眾生。

行經一個村莊，達摩看到此村莊陰氣很重，就對庄主說：「我想要在此唸經、宣揚佛法，渡化眾生並超渡冤魂。」庄主欣然答應，並用素茶、水果招待達摩，達摩在此村莊唸經、宣揚佛法，前後一共住了七天。庄主之兒子新達看到達摩如此慈悲，便要跟達摩一起去修行，庄主不答應，新達便以死要脅庄主，庄主只好答應新達與達摩前往中土。

沿路上達摩也遇到很多強盜、土匪。達摩一直交代達基以及新達這兩位徒弟不要怕，只要一直唸佛號，山賊們一定不敢對我們如何，達摩便用唸佛號來勸化他們。

途經一座山，那裡有很多山賊，山賊王叫做高秀旺。高秀旺問達摩：「唸『佛』真的可以去心魔嗎?唸佛真的可以改其性情嗎?唸佛真的可以使我不殺人嗎?」達摩答道：「只要心定下來，專心唸佛，定能去心魔，改其個性的。」又說：「我暫時住在山寨裡，唸經、唸佛，你們利用七天七夜的時間來感應看看！」

七天七夜之後，八百名山賊唸佛下來，真的感受不一樣，大家心境比較平靜，比較不會生氣，心中也不會一直想要搶劫殺人。因此山賊王高秀旺被達摩所感化，也想帶著八百部屬，跟著達摩前往中土沿路保護他。高秀旺的好意被達摩婉拒，他認為這樣太多人了，達摩也勸高秀旺要解散部下，規勸山賊們要重新做人，以摘野菜、撿材或是做一點小生意維生。

最後剩下六十位山賊，非常誠心地跟隨達摩前往中土，達摩勸其他未同行的山賊，有空定要多唸經唸佛，這樣一定能去心魔。高秀旺問達摩：「『佛』是如此好，為何沒有宏揚光大？」達摩答道：「就是沒有傳出去，因此我才要從印度出來宏揚『佛』之偉大。」

接著高秀旺又問到：「為什麼每個人的個性有所不同，我所帶領的八百名山賊，每一個人的性格真的不一樣，有的很溫和，有的卻很暴躁。」達摩答：「人有十五條靈，因為『人』輪迴很多世，每次『心靈』都不一樣，才會造成人時常發脾氣，因此必定要『唸佛』才能去其心魔。」

達摩一行人一路上摘野菜吃、喝樹根汁，邊走邊唸經，六十位山賊中，中途有人病死、有人餓死、有人不堪其苦而離開，因此到了最後只剩十七人在達摩身旁。

施展神通渡江行、感應龍靈隨護持

有天一行人要渡過一片大海，達摩請船伕搭載，船伕要求給銀兩，但是達摩身上怎麼會有銀兩！又見達摩長相其醜，嘲笑達摩而不予搭載。達摩百般央求，船伕就是不肯搭載，於是達摩就把自己一條「靈」出竅附於船伕身上，讓船伕意識要搭載達摩一行人，由於船很小無法容納很多人，於是船伕吆喝其他船伕來幫忙載。經過三天三夜，一行人才陸續抵達對岸，船伕這時才清醒，並罵達摩：「你是用什麼妖術來迫使我載你們？」達摩答：「是你自願的。」另外一位船伕也附和達摩之說法。

隨從們經過三天三夜之奔波，一行人來到了一個村莊，達摩便叫達基、新達去化緣，結果化不到緣，達摩只好自己去察看。碰到了一位女孩對達摩說：「這裡發生旱災沒有下雨，無法耕作，因此沒有什麼東西可吃，這裡的人只能吃一些打獵回來曬乾的肉製品。」達摩於是找庄主來，一起去找水源。當庄主看到了達摩，心中半信半疑，認為達摩有此能力嗎？不過庄主還是帶著達摩去找水源。

達摩看出在庄內中央有一口龍穴，有條龍鎮守在此穴，自然無法使水冒出來。達摩勸「龍靈」要離開，「龍靈」對達摩說：「我已在此穴鎮守千年，這裡風水很好因此不想離開。」達摩於是在龍穴外唸佛，一天一夜勸龍靈離開，龍靈受了達摩感化開悟，便問達摩：「我要往何處？」達摩答：「你可以隨我去中土渡化眾生，因為我是如來、燃燈來轉世到現在的達摩，你能幫我完成任務，也是功德一件。」於是龍靈離開了此穴，水自然就從穴底冒了出來。

達摩便請庄主做口井來囤積水，庄主回答：「不會做！」因此達摩要庄主先想辦法把井挖深，就可以做大一點來囤積水，隨從一行人也可以幫忙挖井，你們也可以建水壩，這樣如果下雨就可以把水囤積起來，之後也可以耕種農作物來維生。

全庄的百姓非常感謝達摩，就在一行人要離開之時，庄主的女兒陳秀美喜歡上達摩，因此希望能跟隨他至中土，而陳秀美之堂妹陳多羅（巧四）也隨侍在旁，一起前往中土。

武帝功德問達摩、流支妖術篡國師

在前往中土的路上，達摩突然感到心痛如絞，於是坐下來打坐，並要隨從保護他的肉體，然後「靈」出竅去看到底發生了什麼事。結果達摩看到了王臣、林石之靈在身邊一閃而過，也感覺到巧五、巧六之靈在一旁。看到流支在一個道院裡，身旁有三位女徒弟顏世美（巧五）、顏世華（巧六）、張鳳英（巧二），因為三位女徒弟一心想要學佛，所以對流支很好。達摩也感受到流支會「靈體合一」來與他對抗。

達摩回神之後，知道流支會阻礙他宣揚佛法，所以想要改變行程方向。可是這時梁武帝已派劉世昌（北斗）、劉世國（西斗）來接應達摩，達摩看到兩位將軍感到很親切，得知是北斗與西斗來降生。達摩心想如果不去見梁武帝，兩位將軍定會被怪罪，於是達摩就交代隨從在休息處等候，他要單獨去見梁武帝（東斗）。

梁武帝召見達摩，並詢問達摩：「你是從印度來宣揚佛法的高僧，我做了無數的善事，建造很多佛堂與寺廟，也供養了很多和尚，這樣我的功德到底有多大？」達摩答道：「全部沒有功德。」梁武帝很生氣的說：「我做了這麼多功德，你居然說：『沒有！』」於是梁武帝便趕走達摩。

隨後梁武帝便詢問國師（法空），國師答道：「達摩所說的是正確的。」且國師建議梁武帝一定要請達摩回來。因為國師法空執意要達摩回來，所以流支就開始使用法術來加害國師法空。首先流支用「法」使國師法空頭痛，無法上朝與梁武帝談論國事，法空也感受到流支在加害於他。

法空詢問流支：「我跟你無冤無仇，為何你要用法術來害我？」流支答道：「沒有！」於是國師法空就暗中派門下弟子去流支道院查看，看到流支用草人寫著國師法空的名字來施法加害他。不料那些被法空派去暗中調查的門下弟子，個個一去不返，都被流支害死。國師法空知道對流支已沒辦法，於是跟梁武帝說要辭退國師職位，告老返鄉。梁武帝看國師身體漸漸虛弱，也就允准了。於是梁武帝思考著要誰來當國師！

這時朝中有兩派，其中有三、四位朝臣推薦流支當國師，劉世昌與劉世國則推薦達摩來當國師。而支持流支當國師的朝臣，深怕梁武帝身旁兩位將軍真的會找達摩來當國師，偷偷告訴流支，流支就暗中使用法術，讓劉世昌與劉世國兩位將軍頭痛，無法上朝接近梁武帝談起達摩做國師之事。

劉世昌、劉世國感覺到流支用妖術暗中對付他們，而更奇怪的是，梁武帝如果一想到要達摩做國師，頭就會很痛。梁武帝於是找流支來商量，流支提議要在宮內舉辦法會。結果辦了八天的法會非常成功，朝內大小非常平安，而且梁武帝的頭也不痛了。隨即梁武帝就公布，三天之後要封賞流支當國師。

因為要去少林寺的路途還很遙遠，達摩要隨從先找個安身之地，安定下來。達摩想著這個因果問題要如何解決，也思考著南斗、北斗、東斗、西斗都已來降生，中斗應該也來降生了，所以達摩想在此處等中斗出現。

達摩心中想著：在燃燈時，排行第二十位的弟弟是如此乖巧、聽話，來幫忙宣揚佛法，為什麼死後降生流支，「靈性」變得如此之惡。於是達摩就用「心」請流支的前世靈來。

達摩問流支的前世靈說：「我是你的姐姐燃燈，你為什麼這世降生流支要如此加害於我？」流支的前世靈說：「燃燈時代，姐姐你說什麼我都聽，我們全家是如此用心的獻身於佛，渡化眾生，所得來的結果是什麼？全家九族滿門抄斬！做好事有什麼用？這世我降生流支要阻礙你達摩宣傳佛。」達摩聽了很痛心，勸流支之靈說：「做善事不要想有所回報，回去你的體，要轉變你的心念。」流支的靈還是固執地說：「我不需改變心念，我就是要害你，不讓你宣傳佛法。」達摩告訴流支之靈說：「你這樣就會跟我造成因果了。」

神光乍現無緣渡、流支追殺散謠言

達摩在安定處講經說法，有天神光的父母來聽達摩講經說法，父母告知達摩他有一位十六歲的兒子，出生時到現在都不愛講話。達摩安慰神光的父母：「每個人狀況都不一樣，有的因為時間的關係會比較慢說話。」同時神光的父母也想請達摩到家中查看，達摩回答說：「如果有緣便會去。」並跟神光父母講：「回去要多唸佛，自然就會改變。」

神光父母回去告知神光達摩所說的話，也勸兒子神光要多唸佛，神光不聽父母勸告，性情反而變本加厲。母親於是再找達摩，告訴達摩說：「兒子神光不但不唸佛，性情反而變得很不好，經常會摔東西。」母親一直拜託達摩詳細察看原因。

達摩查到神光是「中斗」來轉世，便帶著隨從一行人前往神光家中，母親準備很多素菜招待達摩一行人。達摩看到神光即說：「你是帶有使命來的，要來跟我達摩一起宣揚佛法。」神光答道：「我不要跟你一起唸佛，臭和尚、野和尚，如果達摩你有辦法講出我的前世跟來世，我就服你！」達摩回答神光說：「我不能跟你講前世與來世，因為跟你講，你也不可能相信。」因為這世達摩與神光都轉世為男將，怎麼講怎麼解釋，神光都不可能相信。神光也認為達摩身為一位和尚，應該什麼事情都知道，偏偏達摩什麼都不說，因此神光很排斥達摩。

達摩為了要感化神光，於是在神光家住了七七四十九天，這四十九天當中，神光父母很尊重達摩，達摩講經說法、唸經、唸佛，連左鄰右舍都來聽達摩宣揚佛法。

有天神光單獨罵達摩說：「臭和尚、野和尚，你們一行人在我們家中住了那麼久，是要把我們家吃垮嗎？」達摩答道：「我看出神光你是帶使命來的才要來感化你，否則你要請我達摩到你家是很困難的！」

之後神光把達摩一行人的包袱丟到外面，催促達摩一行人趕緊離開。神光父母知道神光如此舉動，頻頻向達摩道歉，請達摩原諒。達摩心想在神光家已打擾太久了，既然神光一時之間不好勸化，可能時機未到，應該是要離開神光家了。

達摩心想應該要帶著世尊的推薦信前往少林寺了，因為流支一直派人來追殺，其中門下張義、張清、洪玉，為了保護達摩而犧牲。

這時流支又派身邊三位女弟子來追殺達摩，達摩告訴她們說：「我達摩與妳無冤無仇，為何要來追殺我達摩。」三位弟子答：「是流支派來的。」達摩答道：「如果我是你的朋友親人，而流支叫你們殺就殺，難道你們都不傷心難過嗎？」又問三位女弟子：「你們是否投靠錯人？哪有修行之人會用草人及唸咒語害人！而且我們一群人是從很遠的地方，來中土宣揚佛法，並沒有做什麼壞事，你們三位應該幫我們才對呀！」

這時陳多羅（巧四）也對三位說：「你們是好的修持人，千萬不要來殺害我們。我們大家是從很遠的地方來此中土宣揚佛法，是要讓百姓得到安樂。」

流支的三位女弟子告知達摩說：「我們三位已被流支用咒語與法語來控制，根本沒有辦法換主人，而且大師兄很兇，請達摩指示要如何脫離流支。」

達摩告訴三位：「頭如果開始痛，就要先鎮靜，而且要打坐、唸佛。」三位回答：「唸佛沒有用！」達摩又告訴三位：「心一定要靜下來，流支唸法語、咒語，是有時間性的，三位一定要突破。」三位說：「若有機會我們會勸流支不要做壞事，也會盡量勸他要手下留情，再說我們三位回去，也無法把握是否能存活！而且梁武帝之前的國師法空已經往生，這都是達摩你所造成的（因為法空推薦達摩做國師而被流支用法術所害死）。流支已經成為國師，勢力非常龐大，梁武帝也已被流支控制，希望達摩你能救救梁武帝。」達摩聽了嘆口氣說：「這一切都是因果，而且要等待時機。」達摩又告訴三位女弟子說：「回去之後要前往流支的住所，將草人丟掉，並救回他們的靈。」

三位女弟子點頭答應後便回去，前往流支處所要把草人拿掉，但是被大師兄發現，將三人捉去見流支。流支說：「我叫你們去殺達摩，事情不但沒有辦成，反而回來與我做對！」三位女弟子告訴流支說：「我們看見的達摩是很慈悲的，不像師父你所說的是如此的邪惡，而且達摩告訴我們：『師父是修行之人，為什麼要用咒語與法語？』」

流支心中知道三位女弟子已被達摩洗腦，於是不動聲色的又對三位女徒弟說：「達摩在印度是一位王子，而且在釋迦牟尼門下，因為達摩在印度欺負良家婦女，所以被世尊趕出門下，達摩他是沒有地方可去，才會跑到這裡來。我（流支）是世尊派來要殺他，收拾達摩的性命，而且達摩身旁有兩位女子在伺候他，你們三位可以詳細去調查看看。」

於是三位女徒弟又偷偷返回達摩的住處，在達摩房外聽到達摩跟兩位女徒弟對話，兩位女徒弟（堂姐妹關係）因在外面講經說法，為求方便而女扮男裝，此時王子在請示達摩：「難道和尚不能娶妻嗎？」達摩答道：「和尚如果娶妻生子會不飽[illegible]，無法其心靜下來。」又問：「你們世尊可以娶妻生子，你也可以娶妻啊！」達摩答：「世尊之所以娶妻生子，是因為被他父親所逼迫，我達摩跟世尊是不同的。」

這時女弟子要拿達摩的衣服去清洗，達摩不肯，兩人就相互拉扯。流支的三位女徒弟在外面聽的不清不楚，於是就誤會達摩，衝進房裡執意要殺達摩，並對達摩說：「我們不能再相信你達摩了，達摩你是一位野和尚，在印度欺負良家婦女，而被世尊趕出來。」達摩知道這三位女徒弟再次被流支洗腦，便向三位女徒弟說：「我像是一位野和尚嗎？如果我是一位野和尚，我需要千里迢迢從印度來此中土宣揚佛法嗎？你們三位必須用看、用聽比較實際，回去奉勸你們師父流支不要胡作非為，『人在做，天在看』不要再做壞事了！」達摩門下徒弟便把三位女徒弟趕出去。

少林傳法艱辛路、高僧現身弘法助

達摩一行人再繼續前往少林寺，但是流支還是派人窮追不捨，沿途追殺。這時達摩頭開始會痛，就知道自己是被流支施法了。達摩心中一直想著：流支為什麼會離開印度來到中土，是否與阿難尊者及一些同修們起衝突而離開？當初世尊在詢問誰願意來中土渡化眾生，流支也不回答，現在我達摩在這中土宣揚佛法，他流支卻來阻礙，到底是怎麼了？這難道都是因果所造成的嗎？難道是因果到了嗎？

轉眼間，達摩到中土已有兩年時光了，因為途中困難重重，達摩就跟隨從說：「我們要加快腳步趕往少林寺才會沒事。」可是流支勢力龐大，四處張貼達摩的畫像要捉達摩，並且謠傳「達摩是位野和尚，在印度欺負良家婦女，而被世尊趕出來。」

因流支到處張貼告示誣賴，所以當達摩抵達少林寺時，一行人並不受到歡迎。達摩拜見住持，並對住持說：「我達摩來中土是要宣傳佛法，渡化眾生，請住持讓我們在少林寺的後山住下。」於是達摩一行人便在少林寺的後山住下，達摩也在山洞內打坐。

達摩在少林寺待了兩年，為了避免遭到流支的毒手，必須時時運轉身體，鍛鍊身體。有天，少林寺的和尚來找達摩說：「你們一群人可以走了，你們在少林寺不受歡迎，而且你達摩在印度所做的事，我們少林寺的人都已經知道了。」

達摩於是去找少林寺住持說：「你已做到少林寺的住持，應該有辦法看出我達摩是誰，不需要去聽別人亂講。」少林寺住持對達摩說：「少林寺沒人供養，而且沒有經費，沒辦法應付你們這麼多人。」達摩門下對住持說：「我們不會再麻煩少林寺，希望住持大發慈悲，能讓我們繼續在少林寺後山住下。」達摩門下與隨從旅是到山下化緣，並摘菜佈施。

有一天，神光的父母得知達摩在少林寺，便來探望達摩，並告訴達摩說：「神光因為梁武帝主婚而娶妻生子，但是神光個性還是很刁蠻、不聽話，有一次出去玩了幾天，回來後無緣無故頭就很痛，醫生無論如何診斷就是找不出原因，希望請達摩看看神光是怎麼一回事？」達摩聽了之後，告知神光父母：「時機一到，我便會去找神光，請兩老放心回家吧！」

達摩時時在找尋世尊所引薦的長老，但就是一直找不到，達摩懇求上天能幫他找到長老，另一方面流支也一直在找達摩麻煩，而少林寺的和尚也因流支的誣賴，對達摩不尊重，對他造成很大的困擾。

達摩到了中土第五年後，有位師父前來找達摩，這位師父就是世尊所推薦之人。此高僧勸達摩要離開少林，達摩告訴高僧說：「我千里迢迢從印度來中土宣揚佛法，而高僧您也到過印度見過世尊。」達摩隨即拿引薦信給高僧看，信內容提到目蓮打破地獄門，惡靈都到中土，世尊要達摩來中土宣揚佛法，渡化眾生，希望請高僧幫忙。

高僧看了信之後，深知佛法如果要興隆，就要付出很大的心力，可惜外面傳言達摩很醜陋，風評也不好，所以高僧要達摩多忍耐、多包涵，希望達摩找位有佛根的接班人來幫忙。達摩說：「是有個人選！名叫神光的一位少年，他因為沉迷酒色，目前無法引渡，需等待時機來渡化。」

高僧於是將信拿給少林寺住持看，住持看了之後相信達摩，也願意幫助達摩。高僧建議住持一方面要討好流支，一方面暗地裡幫助達摩。因為流支有供養少林寺，所以流支也常來少林寺找住持，要住持趕走達摩。住持對流支則敷衍了事的說：「如果這時趕走達摩一行人的話，必會造成信徒們的反抗。」

因果操縱神光體、斷臂雪地達摩徒

達摩在禪坐中，感應到神光已有困難，便派達基與新達兩位徒弟下山去找神光。此時神光已娶妻生子，而流支得知達摩要找神光接班，便在神光身上施法，使神光頭痛，而神光則因時常頭痛，便藉機花天酒地。

達基與新達感受到神光家裡陰氣很重，於是將神光週遭的一切及行為，回少林寺告知達摩。達摩聽了之後，感到很心痛，也查到神光這世的本體「靈」，並沒有在神光身上，因此決定前往神光家看看。達摩出門前交代門徒說：「不能讓別人知道我達摩不在，要說師父在洞內打坐。」於是達摩離開少林去找神光。

達摩見著神光便對他說：「難道你要這樣過一生嗎？」神光見到達摩便很兇惡的罵達摩：「你這臭和尚，怎麼又來了！」達摩在神光家唸經唸了三天三夜，神光一第二念」，便拿水來潑達摩，神光的妻子見狀，出來阻擋神光，達摩見到神光的妻子，看出她是「藍光」來轉世，便對神光的妻子說：「你丈夫神光已被惡靈所控制，我達摩來你們家就是要勸化他，但是神光還是執迷不悟。」神光的妻子也告知達摩她無法勸神光，達摩說：「神光自己的意念要自己控制。」

達摩告訴神光的妻子說：「這完全是因果，因為是因果，所以神光的身上有惡靈來阻礙。」達摩問神光妻子：「妳相信有因果嗎？如果相信我才要說給妳聽，妳丈夫神光身上有第一世林石之『靈』在操縱他的肉體，使神光無形中感到很痛苦，如果要救神光，妳願意與我達摩配合嗎？」神光的妻子又告知達摩說：「神光在外面有很多賒帳，家裡的產業快要被他敗光了。」

達摩勸神光要好好的做人，父母年事已高，要好好思考，不要被人控制。神光回答達摩說：「我哪有被人控制，我就是我。」達摩之後還跟神光談了很多話，也請神光要保重，但神光都聽不進去，達摩感到很心痛，為何神光如此迷失。達摩只好回少林寺。

神光已完全被林石的「靈」操控，使神光感到痛苦萬分，因那個「靈性」在神光體內鑽來鑽去，使神光手臂感到非常疼痛。有天，神光又帶酒家女在外遊玩，手臂突然又痛起來，神光一念之間便把自己的左臂給斬斷，血流不止，嚇得酒家女快速奔逃。這時碰巧高僧經過，見到神光血流不止，便救治神光，幫他敷藥並治療。

高僧完全不知自己是救到達摩要找的神光，當高僧問起神光：「你叫做什麼名字？」神光回答：「我叫神光。」高僧這時才想起達摩跟他說的話。高僧也在想，神光為何會變的如此落魄。高僧問神光：「難道達摩沒有來找你嗎？」神光回答：「有的！」高僧對神光說：「達摩從印度來，被釋迦牟尼佛派來渡化眾生，因為目蓮打破地獄門而使很多惡靈跑到中土來，因此達摩是來宣傳佛法，渡化眾生的，而神光你應該更要幫忙達摩才對，難道神光你要如此迷惘過一生嗎？」

高僧繼續對神光說：「你是否想過，為何你感覺有一粒東西在全身上下游走？那是別人用符咒催來孤魂野鬼，導致你痛到要斬斷手臂，你是否徹底的想過這都是『因果』呢？我希望你能去找達摩幫助你。」神光這時並沒有答應高僧，因為神光考慮到家裡的父母、妻子、兒子要怎麼辦。高僧說：「你神光已性命不保了，還要顧及家裡，我現在立即帶你去找達摩。」神光自覺無臉見達摩，高僧勸神光要自己救自己。神光回答高僧：「我一看到達摩就會不知不覺的感到生氣。」高僧說：「你這樣斷了手臂，臉色慘白、神色恍惚，一定要去找達摩來救你。」神光最後聽了高僧的勸告，也沒來得及拜別父母與妻兒惜別，就跟著高僧去少林寺找達摩。

神光到了少林寺後山，在洞外跪著，達摩想要磨練神光的刁蠻個性，所以都沒理會他，於是神光在洞外跪了七天七夜。這天突然下起大雪，雪把神光完全包住，神光體力不支因而昏迷倒地，達摩隨即叫門徒把神光扶到洞內休息。當神光清醒後，達摩便勸神光：「要好好與我達摩配合，來宣揚佛法。」神光聽了之後都不回應。

十八羅漢功效拳、一代祖師少林傳

當初高僧與達摩見面時，有給予他十八羅漢拳譜，達摩於是要神光另外找十七位門徒，共十八位一組來練十八羅漢拳，而且不只一組，要找更多十八位一組來練習。達摩便去找少林寺住持研商，住持那時已八十歲了，住持建議達摩要「瞞天過海」，一行人於是利用晚上來練拳。對外宣稱達摩是在洞內打坐，其實是在洞內練十八羅漢拳。

流支時時想要加害達摩與神光，達摩也靠著十八羅漢拳，來破流支的咒語與法語，高僧也來幫忙達摩，但因為流支要搶十八羅漢譜，於是在第三年時，高僧便被流支給害死。達摩這期間也幫神光裝上義肢（手臂），好讓神光方便行動。

當達摩練十八羅漢拳的第九年，梁武帝想請達摩去見他，但達摩不想去，於是達摩就以禪坐的方式，呼請五斗、五色光、各個斗星之神力入體來禪坐，連朝臣用馬來拉都拉不動，當然，達摩也就沒去見梁武帝。梁武帝見各朝臣都請不動達摩，於是梁武帝微服帶著兩位心腹到少林寺找達摩，而瞞著流支說自己生病要出城去就醫。

當梁武帝見到達摩後，跟達摩說：「自從你來朝廷與我見面之後，我的頭就開始痛，無法處理國家大事。」

達摩答道：「梁武帝你要思考，你的使命是來當一國之君，你的心裡一直想做很多善事，流支是從印度來的，要來害我達摩，而武帝你不知好壞，認為流支他是好人，選流支當國師，你就大錯特錯了，你們的『靈』已被流支控制，所以肉體會感到疼痛。」梁武帝問達摩：「應該怎麼辦？」達摩答：「這一切要等待時機。」梁武帝又告訴達摩：「我的皇后每天都不舒服，而且對流支很排斥。」而梁武帝隨從也告訴達摩：「親眼看到流支的三位女徒弟因做錯事，而被流支殺死。」

現在整個朝廷已被流支所控制，梁武帝告訴達摩：「如果回到朝廷，想把流支趕走。」達摩勸梁武帝：「千萬不可趕走流支，反而要對流支更好，如果你趕走流支，流支一定會造反。你可以藉著去關心流支的起居生活，到流支家走動，並派流支帶兵士到外地去賑災，當流支不在時，你可以到流支的道院找草人，草人當中有我、你及其他人，包括流支的所有徒弟都被他控制，如不聽他的話，他就用法語、咒語、詛蟲、詛菌到他們身上，這樣他們就會四肢無力及頭痛。」

梁武帝回去之後發現的確是如此，於是派兵將流支處所夷為平地，因為梁武帝氣流支欺騙他那麼多年，但流支並不怕梁武帝，雙方關係就此破裂，流支則運用更重的法來調菌、養菌，加害那些不聽話者。梁武帝告訴兒子，流支是個邪惡之人要除掉，而朝廷文武百官也都知道流支的行為，梁武帝本想趁流支在外賑災之時不讓其入城，沒想到流支再運用更重的法術害死梁武帝，然後對外宣稱梁武帝是病死的。

高齡八十九歲的少林寺住持來找達摩，告知達摩他已悟到達摩是要來接掌少林寺，知道達摩將是一代祖師，而達摩所練的十八羅漢拳可以抵擋流支的咒語、法語和所施的法術。

於是達摩接掌少林寺後開始宣揚佛法，提倡十八羅漢拳並早晚練拳，學拳必須要有善心、慈悲心，這樣才能保護自己進而保護國家，因此無論是出家人或帶髮修行者，都可以練十八羅漢拳，也交代神光要大力提倡十八羅漢拳。梁武帝的兒子登基後，也都叫士兵練十八羅漢拳。

之後流支一直叫山賊來找少林寺的麻煩，但達摩不怕，用羅漢拳和其對抗，並且為了保護少林弟子安全，在少林寺內裝置重重機關，防止山賊入侵。從此佛法及十八羅漢拳便在中土推廣。

詐死埋名變裝返、瞞天過海印度回

這些年神光跟在達摩身旁學習與練拳，當神光要剃度時，其妻子帶著九歲兒子前來少林寺找神光，妻子問神光：「這些年你在少林寺都忘了我和兒子，反正父母已往生，我也已無牽掛，此後我要在少林寺幫忙煮飯與打雜。」神光怕別人說閒話，執意不讓妻子留下，但妻子不肯走，神光只好請達摩前來勸退妻子，達摩告訴神光妻子說：「妳是五色斗中的藍光轉世，妳必須要好好修持，妳現在已不是少奶奶了，要能吃苦耐勞，若妳想將丈夫與兒子奉獻，讓他們在少林寺好好修持，就不能有七情六慾的存在。」

達摩百歲高齡時，告訴神光他想回印度，如果要死，也要死在印度。達摩拿出當初世尊給予的錦囊和幾粒藥丸，錦囊寫著：「金蟬脫殼，詐死埋名。」於是達摩交代弟子說：「我圓寂後，神光接掌第二代，而佛法傳至第六祖即可。」然後將袈裟交予神光。

神光問達摩說：「師父你吞下藥丸能維持幾天？」達摩答：「一百零八天！」於是神光在棺材上打了五個洞以便通風，且將達摩的墓室做成四方型，神光每天送水給達摩喝。

流支觀察天象，發現達摩的本命星好好的並沒有失去，知道達摩是詐死！在達摩入棺第一百天時，流支帶著七面鏡子，來到達摩墓前安置，開始從第一條魂調到第十二條魂，但流支始終調不到達摩的魂魄，感到很困惑，猜想達摩可能真的死了。

等到第一百零八天時，達摩從墓中出來，留下一隻僧鞋在空棺裡，身上長了很多毛髮，並告知神光要改變服裝回去印度，達摩說：「當初剛從印度來中土時遇到你，想感化你，但你都聽不進去，且不相信因果，現在我告訴你，我是五色光的『紅光』轉世，而你是五斗中的『中斗』轉世，當初母娘深覺人的『心靈』很恐怖，害怕靈性互相殘殺，因此派我來傳『佛』，為了不讓『佛』有所間斷，才會在前幾世，如巧七、織女、嫦娥、如來、燃燈、到現在的達摩都在傳『佛』。」

說明傳「佛」的原由後，神光反問：「為何師父你當初都不跟我說？」達摩說：「時間未到不能講，就算講了你會相信嗎？」神光說：「若你早說，我就不會迷惘這麼多時間了。」達摩說：「當初來中土，是因為我的同修師兄目蓮打破地獄門，致使惡靈跑到中土來，我師釋迦牟尼佛派我來中土宣揚佛法勸化眾生，現在佛法已在中土發揚，神光你要告知下一代為何要宣傳『佛』，你要找出三祖然後傳到六祖就好。」達摩又說：「神光你已八十幾歲了，該找接班人了，你的徒弟中有一位小羅漢，他可以繼承為三祖，因為他是梁武帝轉世的，也就是五斗中的『東斗』。」

達摩交代好後就離開少林寺，過了一年多才回到印度。這時候的國王是自己的姪子，看見他把國家治理的很好，但人事已非，心有戚戚焉。國王看到達摩時很高興，因小時候常聽父親提到三叔達摩到中土傳佛，因此對達摩感到非常親切，並以盛宴款待，但達摩婉拒姪子好意，告知姪子想去看世尊的國家及年輕時的修持之地。

達摩到了一百零五歲時圓寂，回到中天向母娘報到，詢問母娘要再到哪裡降生，母娘回答：「等神光回中天報到，你們再一起去輪迴。」

註❶：迦羅是流支在印度的稱呼，因為目蓮打破地獄門，遭世尊責罵，憤而離開世尊到中土，這在當時是達摩所不了解之處。

註❷：地藏王的老師是如來，目蓮的老師是悉達多，地藏王轉世為目蓮。

註❸：地獄大門正面面對地獄梯，而地獄梯又是屬於溜滑梯造型，任何靈性要入地獄就要滑著下去，當這些靈性用站著滑飄下去，鞋底就容易磨壞或磨掉，靈性的腳底會生熱、會疼痛，再說地域梯有萬丈之高，漆黑又昏暗，導致目蓮滑下時不小心撞破地獄門一個洞，這個洞大約一個銅幣大小，惡靈就從這個洞通通跑出去，只留下那些肯悔改的靈性，達摩到達地獄後跟地獄王說這些惡靈都跑到中土去。如今地獄梯重建改為一階一階的萬丈梯，可以用

4 目蓮救母與黃巢之亂

釋迦牟尼乃印度舍衛國王子，受其師承燃燈牽引，在大樹下證得佛道菩提，隨後開始四處弘揚「佛法」、招收門徒，其中達摩、阿難、耶羅、迦羅、目蓮（目犍蓮）等諸眾皆是同修師兄弟。

由於目蓮到地獄探視母親，一腳踩空從地獄梯上滑落至底部，手上的法杖隨著重力加速度的驚人力道，使得地獄底部遭捶擊呈現銅幣大小的破裂洞口，驚動整個地獄！一些惡煞頑靈於是爬出裂縫、衝出地獄，散布到中土的人間世界，寄住在陰暗之處或樹叢之中，這些逃脫的靈性沒有經過轉魂台，所以沒有喝過忘魂水，他們伺機等待孕婦即將臨盆之際，強行進入胎盤，隨著嬰孩出世來到人間世界，藉著人體為所欲為。

達摩、阿難兩師兄至地獄查看目蓮的靈魂在哪裡?達摩告訴「地獄王」，目蓮見母心切，且目蓮是「地藏王」投胎轉世，請地獄王赦免其罪，地獄王隨即帶著達摩、阿難、目蓮三位師兄弟來觀看孽鏡台。

孽鏡台第一幕出現釋迦牟尼的降生，其母親在花園樹下臨盆產下釋迦牟尼，不到七日就難產離世。回到中天就發下誓願，來世若為女子願意再產下佛子，如此被「玉帝」敕封為「佛母」。

孽鏡台第二幕是「佛母」立刻降生為目蓮的母親，目蓮的父親信奉佛教，長年吃素齋，時常聆聽出家師父講課，研習經文道理，年老之時病重臥床，母親看得心疼，因此買些牛肉為父親調補身體，讓父親得以恢復體力，而雙親不久也都相繼過世往生。

目蓮看到此景不由心中一陣酸楚，可是有人傳言，母親買牛肉使父親破了佛戒，因此在母親過世之後，同門師兄才會說在夢境中看到母親在地府中受苦難。

達摩當下請問地獄王，如遇到這種情況吃牛肉或買牛肉會有罪嗎？地獄王笑著回答：「這樣是沒有罪的，但是蓄意拿刀、拿棍殺牛來吃，這樣直接跟牛靈結下怨果，就會產生因果，如果牛靈提出訴訟就會有罪。」

孽鏡台第三幕顯現，「佛母」率領仙女隨從來到地獄，三嶽大帝（東嶽、西嶽、中嶽大帝）五帝（東、西、南、北、中大帝）侍眾隨身在側，十殿閻羅與文官亦分散在旁邊。地獄眾生靈爭先恐後，由四面八方鬼卒引導湧過來，聆聽佛母開示佛法經義道理，這樣盛大的會場怎能說是來地府受苦刑呢？

眾人看過三幕的孽鏡台之後，自然都明白真相，達摩向地獄王提出商量，寧願用累世靈如來徐克難、燃燈和達摩此三世靈，向地獄王、十殿閻羅保證，並承諾到中土用佛法勸化這些由地獄逃脫的頑惡靈性。阿難師兄對著一殿閻羅保證，來世願意負起度化「三曹」眾生任務，同時目蓮更發下重願「地獄不空誓不成佛」。

世尊決定由達摩擔起中土傳「佛法」之任務。地母安排目蓮過往之後，靈魂偕同西斗靈性降生為黃巢。

稍早之初有位賣布匹之蘇永松，乃得道之人，且行道於世，在蘇永松過世之後被玉帝封為「始祖」。唐僖宗皇帝即是始祖（蘇永松）之靈降生，黃巢所使用的大刀是皇帝賜予可便宜行事，大刀是經過祭刀儀式，具有絕對的神力，凡是沒有經過轉魂台降生的眾生，靈氣經過這把神刀，神刀都會起顫抖動，黃巢就靠著神刀牽引，大開殺戮，血流成河，歷史上稱之為「黃巢之亂」。

被神刀殺死後的這些頑靈，立刻被陰司鬼差押回地獄，而那些流竄在外脫逃的頑靈，直到「龍華大會」收圓之期，由達摩、燃燈等累世靈率領眾神仙佛、三寶佛、五母等苦口婆心的勸化，並加以保證不會傷害他們靈魂，才得以使用「招魂幡」全數招回，並為他們醫靈、轉靈，使這些靈性變回善良本性，前往西方、南海、地獄等地繼續修持。天命職責行使，造成人們筆下的歷史，這是無可奈何，然而事情發展有因就有果，「黃巢事件」就是緣由在此。

二〇一三年三月達摩降駕

5 千手千眼妙善佛祖

妙善誕生

妙藏王降生在印度為大王子，二公主為妙英，三公主妙瓊。妙藏王王子十七歲時，才初到宮外走動，有一天來到徐氏王族遇見徐寶德姑娘，對她感覺很好，王子回宮就稟明父王及母后想要娶親的心意。

國王即刻派人前往徐府提親，因此王子十八歲先訂親，十九歲就成婚，成婚當時徐寶德姑娘才十八歲。妙藏王二十歲時就接任王位，妙藏王與徐寶德姑娘婚後隔年，生下一女名為妙音，經過兩年又生下另一女兒妙元。

寶德因沒有生下男丁而傷心愧疚，其母后囑意妙藏王再娶一房以延子嗣，寶德很有度量，聽從其婆婆的安排，選中相爺女兒劉瓊子，可惜經過五年劉氏也沒懷孕。

寶德祈求上天賜予自己生個兒子，然而卻又生個女娃，大家都很失望，妙音、妙元卻很高興家裡又多一名成員，於是大家為女嬰取名為妙善。

妙善週歲時，有位出家人找上門來，送給三位公主每人一條項鍊。出家人提醒妙藏王先前的約定（投胎轉世前）：「說好是要做何事，為何年紀快進入中年，怎麼沒見動靜，要等到什麼時候才能宣揚佛法？」

出家人告訴寶德王后，要鼓勵三位公主勤唸佛經，培養慧根，既然妙善已出生，就應設佛堂，勤唸佛經，宣揚佛道，以免以後國家多災多難。

寶德前世為摩耶夫人（生下釋迦佛祖七天就往生）曾發口願（誓言），若再降生為女人，願生「佛子」，所以現今三位公主也都是佛子。

出家人繼而面對妙善，在她額頭上轉三下，交代妙善如遇到什麼困難，都要承受下來，再跟妙音、妙元提到以後應該幫助妙善宣揚佛法。

寶德王后希望將出家人留下來幫忙，可是他說：「出家人習慣雲遊四海，以後若有緣自然就能相會。」說完轉身就走。

寶德王后爭取建設佛堂，但妙藏王並沒答應，妙音找來太后關說，才於後院設立佛堂。當開始唸經文、佛號時，原本不安的妙善就會轉為安靜，可是妙藏王一聽到木魚聲或唸佛號，心底就會不自主地產生動盪，因而生氣。

妙善在七歲時，吃葷或是吃到魚肉就會嘔吐，然而妙藏王心中決定以後要妙善來當國王，認為她不吃葷體力會不好，因此硬逼妙善絕對不能吃素。沒多久又有和尚出現在妙藏王面前，告訴妙藏王：「請妙藏王不要逼妙善吃葷，讓她自然吃素就好。」妙藏王提不出道理反駁，只好不再逼妙善吃葷。

磨難起

經過一段時日，寶德娘家的大哥、二哥突然傳來噩耗，寶德匆忙趕回娘家處理後事，在徐家族待了好久，三姐妹不放心母后會有甚麼狀況，且因為外婆突然痛失兩位兒子，那種打擊不是一般人可以承受得了，所以就跟妙藏王商量，接外婆回宮照顧。

可是外婆並沒打算要離開徐家族，三姐妹及母后一直勸說，過了十五天處理好喪葬事宜後，外婆才答應離開傷心地。

表兄妹徐寶康、徐寶玉、徐寶明、徐寶仙及外婆都坐上馬車，隨王后及三姐妹一起回宮。半路上妙音及妙元就發現有一點心痛（魔侵），感覺似乎不太對勁，但大夥兒一時也找不出原因，寶德王后安慰大家可能是因為太勞累，回宮後多多休息或者祭拜徐家祖先，待知會祖先後應該就會好轉。

可是妙音、妙元自從外婆家回來後，心態上已有所轉變，只要一看到妙善就會滿腹牢騷，只要看到妙善就會不順眼，寶德王后也查覺氣氛有異，二位姐姐自從外婆家回宮就不理會小妹妙善，只跟徐家表兄妹玩耍。

寶德王后看在眼裡卻痛在心裡，和妙藏王商量也想不出什麼好辦法解決。不久太后突然去世，太醫診斷為狹心症。妙善心裡知道太后是被「惡靈」抓走，可是父王卻不相信，妙善請外婆避入到佛堂唸經禮佛，並安排她早早離開王宮。

堂姐妙香、妙素和妙善一起上佛堂唸經，妙善打坐時請二位堂姐看護，不要被外界干擾。所以妙善才能在靜坐當中，了解到前世身為達摩時，亦是百般辛苦遭受重重的苦難，想到這些，心底不寒而慄。

不久後，妙善前往妙素府上宣揚佛法，其家族很配合，也尊崇佛法。

有一天妙音、妙元看到妙善在外宣揚佛法，心底產生一股莫名之氣，回宮稟告妙藏王，誣陷妙善太迷沉佛法，以後一定不會專心理政。

於是妙藏王就派人把妙善捉回宮中，而妙善回宮只能跟一些婢女（林秋枝、林秋香、林小蘭）散步玩耍。

妙善看到一群螞蟻那麼忙碌，生性慈悲，聽到螞蟻叫著：「妙善救救我們，我們肚子好餓！」妙善問牠們為何當螞蟻，其回答道：「我們是因旱災而亡，經過輪迴拿牌轉世成螞蟻。」妙善正好在吃餅乾，就順手餵食螞蟻，螞蟻心存感激。而後蜜蜂也來了，妙善請蜜蜂不要隨便叮咬人類；為數眾多的蒼蠅也聞風而至，妙善吩咐婢女到廚房拿些米粒餵食。

妙善心存正念，時時刻刻都在修行，回宮二、三個月後，妙音、妙元感到如此平靜安寧，發現妙善竟然在餵食螞蟻、蜜蜂、蒼蠅，因此非常生氣，又掐又捏妙善的大腿，一路追打妙善。

說也奇怪，那些螞蟻、蜜蜂、蒼蠅為了保護妙善，竟然攻擊妙音、妙元，兩人被叮得滿頭包，故而二人更加生氣，用火把燒死好多昆蟲，並且認定妙善是煞星來降世。

二人氣猶未盡，而向父王稟明，妙善將來是要繼承王位，怎麼可以跟昆蟲類玩在一起。如果妙善是如此慈悲，現在國內正值旱災，就讓妙善挑水到宮外去救濟那些需要水的百姓。妙善反駁無效，只好默默接受，把這當作是一種磨練。

善才、玉女、甘露水、法器

翌日一大早，妙善就挑第一擔水出城，碰到一位即將生產的孕婦，妙善心生憐憫，便將兩桶水給了孕婦，一桶生產用，另一桶留家中使用，之後孕婦生了一位男孩，妙善幫他取名叫「善才」。

經過一整天的折騰，天色已晚，妙善回宮途中一直想著，今天遇到的孕婦是如此辛苦地將孩子生下，使她不敢有成親的念頭。

寶康、寶玉兩兄妹，看到妙善身為公主卻承受如此勞累，還發現妙善滿身的淤傷而心疼不已，就幫她按摩療傷，寶德王后得知妙善受折磨，勸她放棄此項承諾。

妙善只說身體的淤傷是不小心跌倒，並不算什麼，自己還可以承受。妙善身旁的一些忠心婢女，都想幫妙善擔水，但妙善只要一位婢女幫忙即可。

第二天妙善又挑第二擔水出宮，沒多久就有一位婆婆等在路上，說道其媳婦等著生產，夢中指引在此等候甘露之水，媳婦才能順利生產。

不久之後孕婦產下一女嬰，妙善得知此人家姓王，遂為其取名為「玉女」。王家非常感恩說道：「女孩將來長大，將會送入宮中追隨妙善。」妙善告訴王家：「以後的事情不要講得太早，會有變化的。」

就這樣一天又過去了。妙善拖著疲憊的身體回到宮中，二位姐姐罵妙善不要硬撐好漢，因此好意拿了葷食給妙善補充體力，但妙善未接受葷食，只吃婢女為其準備好的素食。

第三天妙善照樣挑水出門，遇到一戶人家在等甘露水，因其當家即將往生，可能是捨不得這人世間，很難了斷最後這一口氣，因此有師父告知在此等候甘露水。

果然為其淨身後，很快就閉目往生。妙善看到這家人的悲痛情境，感觸到人「生死有命」，留在世上就要好好修持，做自己該做的事。

事情過後，其家人拿出一串大佛珠贈送給妙善。妙善接過佛珠，感應出這是達摩所戴的大佛珠，上面刻有世尊悉達多及二祖神光之名字，妙善看得痛哭流涕。

妙善詢問此佛珠如何得來，其家人答道是祖父輩所遺留下來的，因其家人無人勤善佛法，因此將此佛珠贈予妙善。妙善將此佛珠全數拆除並繫於腰間，妙善又想到神光及悉達多不知降生於何處。

第四天妙善又挑水出城，途中遇到一對老夫妻告訴妙善，夢中顯示要他們在此等候甘露水，希望妙善能成全其願。

妙善毫無考慮把一擔水施予老夫妻，老夫妻回贈妙善一個缽，當妙善接到缽，此缽上面刻有世尊悉達多及達摩祖師之名號，而此缽也是世尊悉達多贈予達摩。造化實在非常奧妙，達摩時代所用的東西居然回歸到自己身上。

當然妙善也很好奇，問老夫妻缽因何而得來，老夫妻答曰：「祖母年輕時飢餓無助，以為會走上絕路，幸好遇上了達摩祖師，當時他正拿著缽，裡面裝著飯菜，朝著世尊精舍而回，巧遇年輕祖母，了解其困境後，便連缽一起送予祖母，祖母非常感動，問師父：『為何把飯菜給我，您自己又該如何？』達摩答道：『我已快到精舍，那裡會有東西吃，況且我現在沒有妳餓得嚴重，此缽妳就留下來，因我不一定會長久住在此精舍。』說完就揚長而去。不多久，年輕祖母就結婚，於是將此缽一代傳一代。」今天又傳到妙善手中。

妙善拿著缽回到宮中，向父王表明以後要用缽吃飯，父王疼惜她而勉為其難的答應了。

妙善知道兩位姐姐已被「邪靈」入侵，妙善告知她們在世尊時代，一位是扶養世尊長大之阿姨，一位是普賢（菩薩）的一點靈，兩位姐姐聽了不以為然，還辱罵妙善在談仙古。

第五天妙善又挑第五擔水出城，碰到了一對姐妹花向妙善要這擔甘露水來洗臉。妙善想不透，水是如此的平凡，為何好好的一擔水，當他挑出城門即化成「甘露水」。

姐妹花則贈妙善一串小佛珠，此佛珠亦刻有神光母親之名字「劉玉貞」。妙善還是將佛珠拆下來繫在腰間，姐妹花一家人一直稱讚妙善如此慈悲，是現世的觀世音菩薩，可見百姓是如此愛護妙善。

妙善是一位弱女子，挑了五天的水，又走那麼遠的路，是非常辛苦的，然而這些都是她的累世靈，如來佛、燃燈古佛、達摩祖師……都會過來相助。

第六天妙善又挑第六擔水出城門，百姓們已聞風而來，大夥兒都想得到其甘露水。妙善見狀便叫百姓拿著碗，每人分一碗，這樣大家都能分得到。

妙善共挑了三十六天的水，有很多人贈予妙善許多「法寶」（這些就是往後所使用的法器），妙善把這些交給一位老婆婆保管。

後來妙善遇到一位師父告知她：「你很慈悲，爾後妳會有三十六種面相，如果遇到困難，一定要非常堅強的撐過去，真正的『苦』還在後面。」

逃婚

妙善每天固定要向父王請安問好，自妙善回宮後，時常被二位姐姐欺負，寶德王后看見妙善被二位姐姐折磨到不成人形，憤而痛打妙音及妙元，妙善心軟，出面承擔所有責任，稱說一切都是自己願意的。

有一天，妙善跟王后一起禮佛唸經，兩位姐姐又醋從心起，聯合起來遊說父王，讓妙善去山上砍柴，把砍柴當作練功夫，這樣妙善身體才會強壯，才能繼承王位，當然妙善也只能再次默默承受。

而妙善的堂兄弟姐妹、妙枝、妙素等紛紛來幫忙砍柴，這些事也被兩位姐姐發現，因此又奏請父王要妙善到廚房去煮飯，如此一來，妙善免不了就會摸到一些肉類葷食的東西，而一些忠心的婢女便暗中幫忙妙善處理，妙善就這樣又煮了三十六天的飯菜。

之後父王又派妙善到馬房幫馬兒洗澡，但是妙善實在力氣有限，於是就向馬兒商量，請馬兒自己到河邊洗澡，而馬兒竟然聽懂妙善的要求，自動去河邊清洗身體，妙善只負責擦乾馬兒身體即可，如此這樣也幫馬兒洗了三十六天的身體。

後來妙藏王就開始安排妙善幫忙料理國事，一大清早五點起床就開始忙碌，每天都有忙不完的事，不久徐寶康前來告訴妙善說他有意出家修行，希望妙善將來有空能去找他。

妙音、妙元這時候也已到了適婚年齡，父王特地為她們招選駙馬爺，原本這是一樁高興的事，沒想到後來卻成了妙善的惡夢，她本來只有被二位姐姐欺負，後來則多了兩位姐夫，更是雪上加霜。

因此妙善心中早有盤算，宮中不是久留之地。她也觀看兩位姐夫之本命星很黯淡，其實都已被色魔入侵。

妙藏王慶祝壽誕，鄰國國王前來祝壽，見到妙善非常歡喜，便推薦王子徐達提出婚約，妙藏王一口便答應這門親事，但妙善執意到宮外出家宣揚佛法，堅稱不嫁，因此被父王關入牢中。

妙藏王給妙善出一個難題：「只要能將這巨大的鐵杵磨成針，妳就可出宮。」大牢中有一位獄卒叫高大砲，很有同情心，他看到妙善為了這枝鐵杵要磨成針而煩惱哭泣，所以暗中派人把鐵杵搬運出去，因其在外面有認識一位高僧，在高僧的安排下，讓別人不容易察覺有異狀，經過七天七夜把鐵杵磨成針，然後告訴妙藏王已完成交代的事。

父王仔細看了又看，也找不出破綻，只好賴皮對妙善說道：「鐵杵磨成針是不可能的事，我是開玩笑的，你不能出宮，父王與別國定了婚約，對方很快就會來迎娶。」

雖然費了很大的功夫，鐵杵也已磨成繡花針，可是妙善依舊被關在牢中。御史的女兒廖寶華是妙善的好朋友，她前去找妙藏王，自願來勸說妙善能夠出嫁，並繼承王位。可是當她到牢中，聽妙善把所有故事及二位姐姐如何捉弄她的情形敘說清楚，妙善也對繼承王位實在沒興趣，一切事情從頭到尾都是父王用權威來逼迫她。廖寶華被妙善所感動，因此決定要幫助妙善逃出宮門。妙善將臉塗黑後女扮男裝，寶華拿到父親之城門令，帶著妙善通過四道城門順利逃出宮外。

妙藏王得知妙善逃出宮，憤而將廖寶華處死，並派出護法要捉回妙善，也派二位女婿封瑣外圍四個城門，帶領許多兵馬追拿妙善。

妙善出宮時帶著一位婢女，可是婢女從未出過城門，因此無法繼續行走。幸好妙善當初挑擔甘露水出宮時，所結識金童及玉女的家人就住在附近，因此妙善就借住金童（善才）之家中。

而金童、玉女兩家剛好是正對面，他們都很熱心的招待，而這二戶人家都是用馬車載柴木出城做生意的人。

善才的母親做了一套女裝要妙善打扮成賣唱女，與父親一起行走江湖。

當初妙善所贈送的甘露水，眾人將多餘的一部份用來澆灌栽植的柳樹，說也奇怪，這棵柳樹晚上都會「發亮」。善才父親折下柳樹葉遮蓋於馬車上，妙善就躲在馬車柴堆裡逃出城。

竹林寺認祖師

妙善沿路前往南方找尋徐寶康，百姓當中有四位男眾自願保護妙善，直到找到徐寶康為止，當然後面還有父王的護法及二位姐夫緊逼追趕。

逃亡路上妙善也幫很多百姓解決許多事情，如吐瀉、身體不適、發燒……因為妙善懂得一些藥理，因此找來藥草治好他們的病痛。

妙善一夥人被追趕來到一個村莊，庄內用水的來源是一條河川，而這個河川的源頭是山上的泉水，水源滾滾流進河川，但是最近發生了奇怪的現象，泉水進入河川流動一下子後，就消失無蹤，村民苦苦等待仍無水可使用。妙善觀察後，發覺有一條銀龍在吸食泉水，於是妙善用善心好言相勸，感化銀龍，銀龍也表明要暗中保護妙善，如此百姓終於有水喝了，大家都很感謝妙善。

緊追在後的二位姐夫隨後趕到，庄內百姓自動幫忙對抗，於是這條銀龍就進入四位男眾體內（附身），與宮中眾兵馬展開對抗，終於擊退這一波的攻勢。

妙善一群人終於來到徐寶康所修行的廟宇「竹林寺」，見到這位住持，妙善一眼就認出來就是她在燃燈古佛時代的師父「彌勒祖師」。

她非常欣慰，知道已經找到所要找的人，便告知住持她要長期住在竹林寺，宣揚佛法，住持師父告訴妙善：「妳要帶髮修行，因為妳還有許多障礙沒有排除，只要妳堅定信念，我一定支持到底。」

而副住持卻阻擋師父不要收留妙善，因為外面到處張貼緝捕妙善的公告，如果收留她恐會帶來災難。

住持師父回說：「妙善經過千辛萬苦來到本寺，即是緣分，將來如有災難也是我們共同的命格，我們不能趕她走，請大家多體諒。」

一天夜裡，妙善找師父談話：「請師父『靜』下來想一想過去在燃燈時代，你是彌勒祖師，降生來渡化人靈，當初您太老了沒力氣，您至燃燈家中找我（燃燈）幫您，那時剝樹皮晒乾，將『佛』字刻在樹皮而焚化之，渡化二十億之人靈，也幫忙釋迦佛祖宣揚佛法。師父您可在唸經、打坐中慢慢回想那個時代，我們一起下凡，我（燃燈）當時高大肥胖，而現在妙善個子矮小，那是因出生時的環境不同，而這次妙善找到您，也認出您是誰，我們應該合作來宣揚佛法。」

住持師父聽了整個談話過程後，眼眶潮濕，感覺心很痛，也感覺心酸，只能憐惜的摸摸妙善的頭，可憐她的處境。

就如同妙善所吩咐，師父每天唸經、打坐，一個月下來，師父已能憶起彌勒祖師是如何辛苦召集人手，用樹皮刻「佛」字，曬乾再燒化的辛苦過程，想起這些過程不禁痛哭流涕。往後，住持更加疼惜妙善，讓妙善在寺裡唸佛經、講佛理，得到大眾支持，共同研究佛法。

義女代嫁引戰事

然而寺中有一些人認為師父偏心袒護妙善，會給寺中帶來災厄，這些反對者有廖枝足、陳海、王河、謝敏、謝玉等五位，他們前往宮中向妙藏王通報，每個人領到賞金一百兩。妙藏王則在接到密告之後，親自前往竹林寺。

住持師父告訴妙藏王：「既然妙善先天之靈性是要來宣揚佛法，身為國王為何如此殘忍來阻擋，不讓妙善完成她的使命？」

妙藏王回答：「妙善與鄰國已訂婚約而且即將過府迎娶，如果妙善不嫁，可能會引發兩國戰爭，將造成百姓受苦害！」

妙善向父王建議：「宮中有一婢女名為妙秋香，面貌與妙善相近，可以讓其代嫁過去，妙善是發願降生來『宣揚佛法』，如果嫁過去壽命可能不長，請父王不要勉強。您回宮後要母后收婢女妙秋香為義女，令其也心服鄰國。」

妙藏王從女兒眼神看到堅定與決心，知道多說也無益，不如就成全她，讓她留下來吧！

於是妙藏王便向住持師父交代說：「請師父磨練妙善，磨到她忍受不住自然會回宮。每天讓妙善煮三餐、挑水、澆花、做更多雜事，磨到她放棄宣揚佛法這個念頭，要不然我將會讓此寺廟雞犬不寧，甚至毀掉竹林寺！」交代完後，妙藏王便與二位姐夫帶著兵馬回宮。

妙善看到父王與二位姐夫面相如此凶惡，心裡非常難過。寺廟中有一半以上的人贊同妙藏王的說法，要妙善煮飯做雜事，妙善也向師父表示願意配合，不會連累廟寺受災難。

寺中師兄、姐看到妙善如此堅定，便暗中幫忙，有人利用晚間將水添滿，有人事先將菜清洗整理好，讓妙善直接下鍋炒煮即可，也有人偷偷將木柴砍好，一切過程得到大眾熱心幫忙，讓妙善有剩餘時間來唸佛經宣揚佛法。

而這時徐達之父已預備前來迎娶妙善，妙藏王也準備好以義女妙秋香代替妙善出嫁，婚禮照樣隆重舉辦，兩國邦交眼看更加穩固。

婚後徐達發現見到妙秋香的感覺與以前不一樣，徐達多少也有耳聞妙善公主從小就吃素食、篤信佛法，可是妙秋香竟吵著要吃肉食，徐達對著妙秋香與妙善的畫像觀察，兩人的面相是有幾分神似。

當徐達把寶德王后所送的妙善畫像拿出來仔細看，發現畫像潮濕又滴水，徐達深怕妙善遇上麻煩，或是已陷險境，懇求妙秋香說出實情。

得知原來妙善已在竹林寺宣揚佛法時，徐家國王非常生氣，認為妙藏王看輕他們的國家。徐達雖有理智希望能查明細節，可是弟弟與父王認為一個婢女假扮公主是在戲弄他人，因此決定起兵報復，教訓違約者。

戰事讓雙方死傷嚴重，徐達心想：有很多為戰爭犧牲的百姓靈魂都來找我，所以我是罪魁禍首，唯有以自己生命來終止這場戰爭。徐達希望父王不要再發動戰爭讓百姓痛苦，自己願用生命來終止戰爭，減少百姓的犧牲。

另一方面，徐達也好奇想要了解妙善的想法，心想區區小女子是如何得到信眾支持來宣揚佛法。於是徐達留下信物，將妙秋香和一些婢女釋放回去，在河邊放下衣服及鞋子作為自殺的假象，就離開前往竹林寺。

當徐達父王看到徐達留下的信物，感傷萬分，因此宣布結束戰爭，一年的鬥爭終於落幕。

火燒竹林寺

徐達很有耐心地找到竹林寺，出家修行，也如願見到妙善，其氣質風度讓徐達由衷折服，而妙善一樣在做挑水、煮飯、砍柴等粗重活兒，因此徐達盡其力幫助扶持。

妙善在寺中也耳聞因為她的緣故引起鄰國戰爭，雙方死傷慘重，心底非常難過，但她仍堅持，絕對不回宮。

害怕的事情終於還是來到，要逼迫妙善離開竹林寺！二位姐夫宣稱（假藉聖旨）妙藏王下令，竟火燒竹林寺，眾師兄、姐齊心合力撲滅火勢，徐寶康及徐達也盡全力拯救寺中一切，但是也只能搶救一半。

火勢燒毀了寺廟近一半的設施，有好多人蓆地而睡，無處居住。大夥兒非常氣憤，紛紛踢打妙善、怪罪妙善，都是因為妙善，竹林寺才會被燒毀，害大家沒地方住，因此一起趕妙善速速離開。

徐寶康、徐寶玉、徐達等人力挺維護妙善，向大家說明：既然事情已經發生，就不要全怪罪妙善。妙善懇求眾人不要趕走她，她會加倍努力協助將房舍蓋起來，住持師父也力挺妙善。

其實妙藏王並無如此絕情，這都是妙音、妙元及二位姐夫為了爭王位，所私下的旨意，目的就是要加害妙善。

二位姐姐及姐夫眼看還是沒辦法一把火將竹林寺燒乾淨，回宮後就向妙藏王稟告妙善頑固抵抗，氣得國王口吐鮮血，身體也就漸漸虛弱，任何高明醫生都診斷不出病因。

妙善姑母之子韓國華是一位大夫，精通脈博，下了藥湯給國王服下，卻也未見起色，仔細把脈才知原來妙藏王得的是心病，動到了氣脈，只要妙善回來方可不藥而癒。

妙藏王無兒子，心想大女兒如此刁蠻，二女兒妙元嬌縱無比，只有妙善心地話」妙藏王全心寄望妙善能治理國度，然而妙藏王試過各種方式，妙善都不接受。

歲月無情，每個人都會老，妙藏王擔心以後國家會變成惡人當道，因此找比較信任的姑表親韓國華，要求韓國華勸說妙善，使她能回心轉意，希望她能了解國王的用心良苦。

妙藏王又向韓國華表明：「我現在身體一天天衰弱，二位女兒來探望時，我都假裝睡覺，只聽到他們在詛咒國王趕快死去，好將皇位留給兩位女婿，這是很嚴重的事情。我現在把調度兵權的玉璽寄託予你，請轉交給妙善，如果國家以後被妙音、妙元強佔，唯有藉此玉璽調兵遣將，才能把王位要回來，這是最後一線希望啊！」

韓國華帶著大家的期望，也帶著妙藏王的親手信離開王宮，來到竹林寺，把信件及玉璽當面交給妙善。

父王信中提醒妙善：「趕快離開修行之地，自己的國土不宜久留。父王已經病倒了，也聽到姐姐、姐夫計畫奪取王位。當初百般刁難你學佛、禮佛，那是父王太自私，也中了妙音、妙元所設計的圈套，父王後悔莫及。我與『阿拉國』國王是結拜好朋友，妳可以帶著這封信去阿拉國投靠，阿拉國會接受妳，好好在那裡生活下去，繼續妳的願力宣揚佛法。」

妙善看完這封信後，非常難過，告知表哥韓國華回宮後要幫忙父王恢復身體健康，好好處理國家大事。兩人所講的話，師父、徐達、徐寶康都聽得清清楚楚，也討論妙善該何去何從。

人肉和藥毒計

當韓國華回到宮中，向妙音、妙元、寶德皇后稟明妙善不想回宮，她要在寺廟中靜修，且她身邊有很多人在維護照顧她，大家就不用再掛念她了。

韓國華跟妙音、妙元把話說明白：「既然你們二位已經掌握大權，妙善又不回來，妳們以後也不用顧忌妙善了。」兩位姐姐聽了很生氣，認為表哥是在取笑揶揄她們，因此毫不客氣的把表哥給毒打一番。

姑母妙英親眼看見這一幕，面容顏肅的責備：「妳們小小年紀竟然這般驕縱，那麼刁蠻，逼妙善走投無路，她也無意爭王位，妳們就放她一馬，讓她完成宣揚佛法的使命。而且我兒子韓國華與妳們無冤無仇，心地竟如此狠毒，連親表哥也敢毒打，憑什麼輪到妳們來教訓我兒子。從小看妳們長大成人，我這個做姑媽的未曾罵過妳們，我認為這是妳們的家務事，不便插手干涉，可是妳們父王病倒了，妳們是以什麼態度對自己的父王！」姑母越講越生氣，隨手拿起竹桿朝著兩對夫妻四位被痛打後，懷恨在心，三更半夜將韓國華叫來說明：「你是御醫大夫，而父王病拖延這麼久未好轉，一定是你未將真實藥材找出來，如不趕快將父王醫治好，我們將嚴格處罰你！」

韓國華答辯：「妙藏王得的是心病，我實在找不出好方法！」

可是妙音、妙元還是一直堅稱韓御醫未將最好的配方開出來，並語出恐嚇道：「明天你上早朝時，要當著妙藏王及文武百官面前，當眾宣布：『若妙藏王病要好轉，就得需要妙善的一隻手和一隻眼睛來和藥』，如果你不配合這麼說，就要將你滿門抄斬！」

妙音、妙元也夠狠毒，馬上採取行動，強押韓國華一家人關起來（包括韓國華父母親、兩個孩子，以及叔、伯輩）。

韓國華眼看情況不妙，找妙家族長輩及青壯年來商量，但是妙音、妙元因權力在握，而一些相關人士相繼已被囚禁，其家人也同樣操控在兩姐姐手上。因此韓國華於早朝時被迫當著文武百官面前宣布，如果要妙藏王病情轉好，必須要妙善的手與眼睛和藥才可。

文武百官聽了，非常驚訝！於是相爺派了一位名叫張天師之人前去告知妙善，說其父王病情嚴重，需要妳的手與眼睛和藥才有救，妙善聽了告知張天師，請他給予三天的時間考慮。

竹林寺師父、徐寶康、徐達聞訊，認為「自古以來，無人會以人肉和藥」，這是一個圈套。

張天師就說：「妙善妳不答應，我家九族將被抄滅，而妳表哥韓國華一家九族以及妙家族老輩也已被關起來。」

妙善說道：「只因我一人，就害了那麼多人，我犧牲一隻手及眼睛能救大家，也是值得，何況我的肉、骨、血都是父王所賜，我是無所謂。」

妙善告訴張天師：「在寺廟中眾人會阻擋，必須前往山中處理，亦能在山中找藥草止血。」

妙善一直拖延一個多月，想到二位姐姐一定知道我手上有調兵之玉璽，而又有那麼多人需要去救，心裡不知該如何是好，又害怕挖眼斷手會很痛，師父們也一直規勸她千萬不要做傻事，今日要你一隻手及眼睛，改天就還要另隻手及眼睛，直到妳殘廢而亡！

師父派徐寶康、徐寶玉、徐達嚴密保護妙善，可是妙善半夜裡趁他們熟睡之時，到廚房拿一把菜刀，找來張天師一同前往山中，妙善自斷其手肘，拿了尖刀挖了眼睛，交給張天師趕緊拿回宮交差，去救眾多人的生命。

妙善痛得倒在地上打轉，還強忍痛苦抓草藥止血。此時「虎仙」出現，叼著

[illegible]傷的妙善回竹林寺，師父施予急救才止血。

經過一段日子的養傷，妙善尚未復原，可是宮中又派人來說：「不是左手及左眼，而是要右手及右眼。」

妙善這傷至少還要一年才能復原，宮中妙音及妙元卻一直不斷找麻煩，而竹林寺住持師父發現寺中情況失控，有人被宮中所收買，因此師父當機立斷，派妙素、徐達、妙枝、徐寶康、徐寶玉趕緊保護妙善出城，可是妙善不肯離開師父。

當初逃亡時有四位男眾保護妙善至竹林寺，而這四位男眾這次想辦法讓妙善昏迷，然後將妙善抬出城，開始逃亡之路。

流浪西藏

徐達在行前向師父表明，自己真正的身分是妙善的未婚夫，拼了命也要保護妙善，希望師父能隱瞞他的身分。

半路上妙善清醒了，她不想離開師父，事到如今再說什麼也是多餘，想到父王交代一封信，交代她能投靠阿拉國，於是一路顛簸輾轉來到阿拉國。

阿拉國國王看到信函倍感親切，對妙善所受的遭遇極為心痛，等大夥兒舒緩身心疲憊後，帶著妙善到後院，妙善看到佛堂的設備後不由得放聲大哭，想到她當初降生於阿拉國是如來佛祖，經過了幾個世代又回來到阿拉國。為什麼靈魂不生不滅一直輪迴，她輪迴過：如來、燃燈、達摩、妙善，而阿拉國看起來一片祥和，反看現在自己的國家已淪為恐怖之地，非要置妙善於死地不可。

妙善在阿拉國住了一段時間，立即又被妙音、妙元及姐夫們知道，馬上起兵攻打阿拉國。

阿拉國國王問來逼殺妙善的二位姐夫陳慶生及楊宏明：「為何一定要逼殺妙善？」

兩位姐夫答辯：「當初妙藏王封妙善為王，如果妙善不死，我們將不能成為國王。」

阿拉國國王回答：「要成為一位真命天子，需要有其命格，如果命中無格，無論你們使用任何手段，恐怕也是一場空，如不放過妙善，你們將會自食惡果，而到頭來只是多害了妙善一條命。」

妙善也補上說：「當初妙音、妙元選你們當駙馬爺，父王也有調查過你們的品行與家世都很好，但入宮後就轉變成另一種不一樣的心態，貪心讓你們迷失自我，思想被惡靈侵入，控制了你們的情緒。」

妙善誠懇地分析前因後果，陳慶生及楊宏明二位聽不入耳，他們仍不願意接受事實，執意要發動戰爭，就是要女婿頂替兒子。

阿拉國[illegible]，看到霸道的女婿如此可惡，憤而起兵幫助阿拉國，對抗頑強野心的陳、楊兵馬。

妙善看到傷亡如此慘重，只好在半夜時分帶著眾人遠離阿拉國。在逃離途中，妙善提不起力道，只能由徐達、徐寶康輪流背負。妙善感受到無形中有許多障礙，頭痛又四肢無力，可能是斷手、挖眼時血流太多，元氣補充不足。就在妙善痛苦難當之際，無形中有人告訴她唸法語：「唵・嘛・呢・叭・彌・吽」。一路逃亡沒東西可吃，大家都拿樹根、山中水果充飢，在眾人忙著拼命逃亡之際，藉由妙善口中所教，唸出來的六字真言，就這樣一路保護妙善到達西藏。

妙善他們第一次接觸的藏人就是柯木生及劉玉桂。柯木生一看就知道這些人是從遙遠的不同國度而來，馬上慢火燉熬些草藥給眾人補身體，眾人元氣慢慢恢復。

徐達、徐寶康等人也很快的在這地方種植一些野菜，安居下來，在地的一些好心人供應乾糧給予貼補，大家合力種植很多野菜，也砍很多柴，挑擔出去賣銀兩。

經過一段時間，妙善的身體已大有好轉。柯木生問妙善說：「我聽說妙善妳是『觀世音』再生，也是『白衣大士』化身，我從小到大家裡很窮，是一位很平凡普通的人，但我整個腦袋都常浮現一些很大的葉片，以及想撿有色的石頭來磨成汁，真不知這是要做什麼？越想越頭痛！」

妙善回答柯木生：「你認我叫義母，我就告訴你。」

妙善雖只長柯木生十歲，但是柯木生立即稱呼妙善為義母。

妙善說：「這是你先天的一條靈性，急著要來『補天點雲』，用有色石頭磨成汁，樹枝沾汁液，點在大片樹葉，晒乾壓平後，有形化無形，就是你要做的事。」

柯木生聽完妙善的話，頭居然就不痛了！妙善繼續跟柯木生說：「凡是接近我的人，大多會倒大楣（責任重、魔考重），我們大夥兒（發願要補天點雲的人手）都不知要到哪裡去？」柯木生於是請妙善一夥人留下來幫忙補天，附近有好多人，他們都很善良，你們在此定居下來，大家可以一起分工合作。

柯木生與未婚妻要結婚，也請妙善做主，因為他父母已不在世上，因此就纏住妙善，讓她留在西藏。妙善只要不離開，柯木生的頭就不會痛。

妙善告訴柯木生及劉玉桂：「你們二位前世是我好友，本來是要一起修補天地，我那個時代（也就是嫦娥時代）命短無法完成，當時請你們摘取芋莆葉準備好多材料，但因為某些原因，嫦娥被害死，而你們這對原是夫妻，真是靈性不滅，你們現在還是夫妻，如今你們可以將芋莆葉及補雲材料先準備就序。」

妙善也把這段期間，逃亡的過程，講給他們倆夫妻聽明白。

從出宮流浪到西藏也有七年了，金童拿著淨瓶、玉女帶著柳枝，由一位老翁帶來西藏見妙善。他們走那麼遠的路，柳枝居然都不會枯萎。金童把淨瓶之甘露水滴進妙善的手及眼睛，使傷口不再潰爛；玉女則用柳枝清拂妙善之身體。很快的，妙善就在西藏講經說法。不久之後妙善的信徒越來越多，徐達、徐寶康、妙素、妙枝皆來幫忙。因為金童、玉女來會合，在西藏的三年中，妙善力量迅速增大，另外也有仙、佛在無形中加持協助，大家的生活日漸改善。

而徐達也捎信回國向姑母報平安，說他如今在幫忙妙善宣揚佛法，而姑母也託人帶來銀兩，一方面救濟人民，一方面蓋房子。徐達至今仍未透露身分給妙善知道，一樣暗地在保護妙善。

過了不久，妙音、妙元又派人來告訴妙善：「宮內有很多人被關在牢裡，須用妙善來交換，這三年中有好多人，因為妙善逃走而犧牲性命。」

妙善聽聞哭了起來，來人也告知妙善，妙藏王年老病在床上，也被關在牢裡，寶德王后身體狀況也不好。

妙善想到從小到大都沒孝順過，因而想回國一趟，徐達、徐寶康覺得那樣太危險了，皆不同意，妙素便與來使為此起衝突，結果妙素被來使當場所殺，死於西藏。

遺言

妙善不放心父王、母后，終於決定回國，她深知眾人不會讓她回國，於是偷偷逃走離開西藏，只帶著金童、玉女。之後徐達、徐寶康見妙善離開，也隨之離去。

妙善很想念師父，也很想念父王、母后。妙善先回到竹林寺，見其師父已年老許多，師父苦勸妙善：「不要回宮內，師父觀看天相，知道妳本命星很黯淡，他們不會放過妳的！」

妙善告知師父：「自己要做什麼事，自己知道，會仔細思考的。」

三天之後，姐夫們知道妙善回來了，直接就告訴妙善：「想要救眾人或想要看父母，就拿手與眼睛來交換。」

妙善再三懇求二位姐姐，依然得不到結果。

而妙善早也算出來，之前剁下來的一隻手及眼睛，早已被丟入海裡，並無真正和（好）藥。

妙善自己想著：這些年來被折磨的如此痛苦，要走的路如此艱辛，你們就是要毀滅我的體，如不得逞，這些「妖魔」、「紫微星」死纏因果，是不可能放過我的。在達摩時代用詐死埋名法逃出來，此時要用何種方式跳出呢？眼下真是進無跟隨無妨，只有妙善一死，這些魔妖才會退出，姐姐們就會放過父王、母后及妙姓家族，其他眾人都會得救。

於是妙善在竹林寺中寫了一封信給予徐寶康、寶玉、妙英等人，及一位毫無相關的人——徐達。

妙善信中告知大眾：「看到此信，我已往生，無牽無掛，希望你們繼續宣揚佛法，妙善一天不了結，這些因果就會纏住困擾著大眾，而父王母后是如此善良，因我的降生，遭受如此苦難，只要我結束生命，妖魔自然跟隨而去。最敬愛的二位大姐，妳們有善良的肉體與靈魂，妳們將恢復善良的心，請替我照顧父王與母后，要回想為何如此厭惡妙善。」

「妳們身體內有『紫微星』，也有一些與妙善有恩怨，想要滅妙善的『極惡靈性』在擺布妳們，如我不死，這些靈性是不會善罷干休。我會將手及眼睛交給妳們，肉身身體皆是父王、母后所賜，我死後王位不能給予二位姐夫來擔當，要由妙家族也就是堂兄妙國基，他是族中唯一的繼承人。他是有能力來擔當，也是阿公最疼愛的人，妳們要看淡皇位。妙音是普賢之一點靈，妙元是七星斗之頭，都是很好的靈性，但還是無法克服魔妖及其因果。之前父王有請表哥韓國華將調度兵將之玉璽交給妙善，得此玉璽亦可接任皇位。」

妙善將此信及東西交予師父，交代等時間到了才給妙音、妙元。

千手千眼的由來

一切安排完成後，妙善拿著一些銀兩到山上找一位凶惡力士，拿著銀兩對著那人說：「我用銀兩請你將我剁手及挖眼睛，我是心甘情願，絕不會怨恨你，發生的事與你無關。」

那力士按照妙善的吩咐，把手剁下、眼睛挖出之後，妙善痛苦不堪，在神情恍惚之際，「虎仙」又出現了，又將妙善咬到平地來。

此時師父及徐達、徐寶康等人都趕來，眾人疼惜，不忍心責備妙善，因為這是他的選擇——以死成仁。

師父很不捨，看到妙善眼皮無法閉合，似乎還有什麼事要交代，妙善只是一直點頭向師父感謝再感謝。

妙善也喊出徐達的名字，誠心地給予感謝，妙善和徐達非親非故，只是同修，徐達長久以來一直在旁幫她解決很多困難，希望來世報答徐達此世之恩情。

徐達一直勸妙善不要有掛念，直接要回歸於「本位」。他看過妙善所寫的信件，一定會轉交給妙藏王，二位姐姐、姐夫、母后及所有為此受苦難的人。

妙善知道有人會將她的事蹟，轉述給所有相關的人，以及當事人，至此妙善就斷氣往生了。

徐寶原看到妙善已往生卻無手臂及眼睛，首先發難，順手拿把刀斬斷自己手臂及挖下眼睛贈給妙善之靈使用。

徐達看到後，感動不已，隨之跟著挖下自己眼睛及斬下手臂。師父趕快拿藥草止血，金童、玉女見狀也拿淨瓶內的甘露水，用柳枝灑著淨水來清理傷口。

在場為數眾多的師兄姐，也都義不容辭，自願剁手及挖下眼睛。現場一片混亂，師父、金童及玉女忙著處理善後，但是清點後還是少三十六隻手及眼，才能湊成（足）千手千眼。

寶德王后及妙藏王看到大家義憤填膺，也跟著做，旁人勸阻也無效。

師父說：這乃天意。眾人自願贈于妙善手臂和眼睛，創出萬古流傳千手千眼觀世音佛祖。

妙音及妙元聞風而至，見到如此淒慘景象，霎那間邪惡靈魂飛離出竅，善良本靈浮現，那種懊悔、羞愧之情自然流露出來。

妙音、妙元痛哭流涕，非常傷心，懺悔地對著群眾訴說當初是很疼愛妙善，之後又為何變成如此厭惡妙善，甚至傷害妙善的身體及性命。

師父向二位姐姐說道：「你們的本命星很完整、很善良，為何無法抵擋其因果作弄，這都是自己害了自己。妙善生前都已經告訴我，妙音的前世是燃燈的大姐，再降世為普賢，都是那麼有修持的靈性，現今降生妙音，其實是要來宣揚佛法。而妙元來自一位星斗之頭，那麼好的靈性，為何如此迷失自己，逼妙善走上絕路，這都是『因果』牽纏。妙善臨走前有交代一些事情，需要你們去處理，千萬不要再出差錯。」

妙音、妙元聽完後，感到無地自容，放聲大哭，自己也剁手及挖眼，彌補妙善。

二位姐夫趕到更是嚇得目瞪口呆，二位在入宮前心地何等善良，入宮後被權利所迷惑，變成邪惡之人，殘害如此善良的妙善，如今被目前慘況所驚醒，心裡是何等的難過。於是姐夫們也跟著剁手及挖眼。

之前一些受妙善幫助過的百姓，也跟著剁手、挖眼要助妙善。千眼千手觀音之形成，有百姓三十六隻手、眼，有同修之師兄姐，也有遠從西藏那邊來的人。

而金童玉女不停哭泣，他們二位是因母親困難生產，妙善用甘露水來救他們，因此感恩之餘，跟師父要求要隨伺在妙善旁邊，求師父成全他們的請求。

師父將妙善身軀扶起站立，大家商量將妙善肉身浸藥水，不要被腐蝕，師父開始將一隻隻手撿起來，而且要與眼睛相符合，這些斷手還在流血，師父越是接觸斷手越是心痛。但師父強忍心中的悲痛，將滿地的斷手組合在妙善肉身，成為一千隻手，比對眼與手掌來組合一千顆眼。

旁邊有一些人因血流不止而死亡，金童玉女就用淨瓶拿著柳枝，給剁手及挖眼的人灑甘露水。

一個多月後情況才趨於穩定，金童玉女本來也要剁手及挖眼，但師父及時勸住：「你們年紀太小，不對稱。」徐達要他們在一旁照顧妙善之肉身，千萬不能被人損壞，使工作無法順利完成。

所有過程師父一直用藥水來浸泡接合，妙善的手臂才不致潰爛。經過一百零八個時日，當師父完成千手千眼觀音之日，即是妙善得道之日。

完成後師父交待徐寶康：「要小心維護，師父累了！以後你要傳承師父遺志，要好好管理竹林寺。」交代完後師父即往生，竹林寺便由徐寶康來當住持，許多人來寺中朝拜千眼千手觀音佛祖法相。

妙音、妙元為驅除身上之妖魔，也在竹林寺出家。

徐達告知妙音、妙元，要降伏妖魔邪氣談何容易，隨處都有且無孔不入，你們心念上遇有邪氣應立即轉成正念，才不會為邪靈所侵。眼前最重要的是從長計議，並維護妙善之肉身不能腐爛。經過多日努力，才將妙善之肉身移到廟寺大殿上，當徐達提上「千手千眼觀世音佛祖」貼掛大廟上面，第二天徐達便往生了。

而遠在西藏柯木生夫妻聽到訊息，也來到竹林寺修行，並宣揚佛法，救濟許多貧苦之人。

妙藏王及寶德皇后也都在竹林寺，每天看著妙善，之後也相繼往生。當金童玉女將要往生時，也爬向妙善肉身之旁，一位拿淨瓶，一位拿柳枝，永世跟隨千手千眼觀音佛祖。

覆命

妙善回到中天遇到「玉皇上帝」，請示為何連「玉皇上帝」之一點靈（妙藏王）下凡也會迷失，說要宣揚佛法也沒有做到，甚至阻止妙善傳承「宣揚佛理」。一旁母娘勸妙善不要再想過去。

經過三年之後，因妙善有口願要回西藏完成宣揚佛法之命，母娘又要妙善去輪迴。母娘也派西斗及釋迦佛祖出生於西藏，等著妙善共同完成任務，下一世即是「四面佛」。

註：妙音——銀斗星——普賢；妙元——七斗星頭。妙音、妙元二位姐姐及姐夫在竹林寺被妙家族人用扁擔及竹竿打死，死後母娘帶回中天，因有贈妙善手與眼，因此也被封為「觀音」。

6 孟姜女哭倒萬里長城

時代變遷、歷史過程、因緣際會、職責天命，因此我（妙善）在秦朝時降生孟家莊為孟姜女，父親是村莊的莊長，還算是有錢人，我的靈性觀看這些秀才都是被抓去，所以我先天的靈性（白衣大士）叫我後天的體（孟姜女）來幫助那些逃亡的秀才。

在那戰亂時期，一些秀才都被抓去長城做工，但這些秀才做苦工挖土實在是力不從心，所以有些家庭會拿錢財讓兒子逃亡。有一群逃亡的秀才，相互結拜為兄弟，逃亡來到蘇家，其中包括萬杞良，蘇家把他們安頓下來，供他們吃住。

秦朝的相爺李斯，能夠觀星望斗，知道萬杞良這群人已在蘇家，所以在萬杞良跟孟姜女結婚時將他們抓走。萬杞良被抓走時，我的靈性（觀自在）也跟著過去，沿路跟著這群秀才到達萬里長城。

因為秀才體力差，勞動能力不如人，長城看管勞役的將軍都是好的「星斗」來降生，然而都迷失自我，雖然我一直灌輸好的念頭給這些將軍，要他們好好善待這些秀才，但這些將軍心思仍無法接納，只知道要完成長城的建築。

奇怪的是，這些結拜秀才兄弟竟然同時生病，於是將軍們更認為萬杞良這群人難指使，故用繩子、鞭條、鋤頭柄來責打這些秀才，完全不顧這些秀才的性命。

相爺能觀星望斗是因為一九（魔頭）入侵，「祂」知道這些秀才都是斗星來轉世，因此奏請秦始皇要滅這些秀才，若沒剷除，以後秦朝天下無法穩固，所以才會有焚書坑儒，強押秀才築長城，導致這些秀才被將軍們活活打死。

我（觀自在）一直想救這些秀才靈性，但是李斯相爺已然用符咒法將他們的先天靈與後天靈封鎖住，秀才死後的屍骨一起埋在城牆內，我來到寬廣又宏偉的長城，實在看不出萬杞良及秀才到底葬在何處。因此我（白衣大士、觀自在）附身姜女去找徐福將軍，因為我（觀自在）知道「北斗神君」已然降生為徐福，也知道要救出這些秀才靈性，必須找修築長城有影響力的人。

歷史上紀載，我（孟姜女）哭倒萬里長城，那是沒有的事。我孟姜女見到徐福跟他說：「你是個將軍，而我是觀世音來輪迴，一路餐風露宿來到萬里長城，因為很多靈性找我救他們，而李斯叫法師把這些秀才及星斗靈性封住，埋在長城裡面，以至於這些靈性無法脫體出來。」

我千辛萬苦自孟家莊走到長城，心中只有一個意念：假如我沒去，這些靈性一定會被滅掉，所以我跟徐福（特別點名他是北斗轉世）說：「你要是真的是『北斗神君』轉世的靈性，要是還能記得（第一世），就必須助我，因為埋在裡面有你的兄長及四個弟弟，還有朋友、斗星兄弟。」

徐福將軍聽完後說：「這需要查證。」幸好徐將軍智慧很好也能相助，他認為長城裡面埋入屍體，尤其成為枯骨後，城牆內部必會空心而不結實，因此他以敲擊法試出城壁內埋的秀才屍骨。

三更半夜沒有巡邏人員時，徐福將軍派親信護衛來保護我，在徐福心腹巡防時，孟姜女手拿小火把，以敲擊法沿途將這些屍骨找出來。敲牆挖骨後補邊牆，城牆受風吹雨打因而塌陷，所以徐福交代孟姜女要假哭，並且要大聲哭，孟姜女一時悲從心來，還真的放聲大哭，越哭越大聲。

當挖到萬杞良屍骨時，發現他死後被分屍埋葬。因萬杞良他們的靈性被李斯的法師困鎖住，當屍骨被挖出後，孟姜女才認出萬家兄弟為東斗、西斗、南斗、中斗（萬杞良）及中央八卦斗他們的靈體。

徐福幫我完成尋夫救靈責任時，跟我說：「這不是我（徐福）久留的地方，我要想辦法逃亡。」我跟他說這件事不能有差錯，你要靠智慧離開秦始皇，離開這個地方。

我（孟姜女）用包巾將萬杞良屍骨包起來吊掛胸前，沿路傷心哭著離開長城，徐福也派他的心腹護衛護送。傷心的淚水沿途滴到屍骨，這時有位仙翁何春成現身告訴我：「姜女，淚水滴到亡者骨頭不好，骨頭我幫你顧著，你去用竹片編簍，然後裝屍骨背在身後。」

這時白衣大士附身孟姜女，請阿伯在這顧著，我（孟姜女）去準備，阿伯說：「要把這些骨頭折斷弄碎裝罐，才方便裝簍。」裝簍完成後，跟阿伯說：「我是白衣大士，我希望你能沿途護著這個體（孟姜女）回到孟家莊。」

山區有山賊會打劫路人，從長城回孟家途中經過山路，遭逢山賊的追殺，這時碰到一位仙翁（山神），我希望他能協助救孟姜女等人，且言明我會有所答謝，於是山神靈性讓山區起濃霧，讓山賊迷路，孟姜女與徐福兵馬才得以脫離他們的追殺，也保住隨身攜帶的銀兩，之後我白衣大士跟這仙翁靈性說，讓你做這「山神土地公」。

當這些秀才斗星靈性跟著孟姜女回來，孟姜女造了很大的墳墓，在旁邊安個土地公（后土）顧著萬杞良的墓，「后土」是我白衣大士請這位何春成阿伯靈性來擔當的，所以這個「后土」設立是我爭取來的。

徐福經過此事件後，跟秦始皇說他要幫秦始皇找長生不老丹，因此我一條靈性（三眼觀音）留下照顧這個孟姜女體，然後我白衣大士保護徐福出海到東瀛。

長城坍下事件，徐福特別交代將士們傳言，說是孟姜女哭倒，天意「鬼魅」之說讓秦始皇及其他將軍因而害怕，不至於對其他苦役秀才下毒手。

秦相李斯一直在追殺我，我被抓到李斯面前說：「如果你敢擔得起這些秀才冤魂找你，那你大可殺了我孟姜女。假若你擔不下或不敢擔這個責任，那麼你就必須掙一隻眼閉一隻眼，放過我，此事秦始皇是不會知道的。你若造下此業，下輩子將會受到因果業障的折磨，當業障來時，秀才冤案你又該如何銷掉呢？」由於這因果過於龐大，李斯因此不敢造次。

秦始皇統一天下，最後一國是齊國，當時齊國將軍徐福以自己為人質，得以保秦國不傷齊國一兵一卒，徐福則在秦始皇面前推薦自己帶領童男童女及一艘艦隊，帶穀物、種子往海外取長生不老藥。

一行人來到日本與當地原住民發生爭端，徐福將軍所帶領的艦隊兵力強悍，致使本土原住民退守沿岸小島，生活疾苦，故常在海上以打劫為生，對一些沿岸漁民或過往商旅帶來困擾，被稱為「倭寇」。

徐福（北斗）死後輪迴到漢朝時期，韓信（中斗）與胞弟韓子良（北斗）雙雙被呂后抄家滅族過逝後，靈性不放心日本的局勢，因此偕同千手千眼觀世音（妙善）降生日本。

妙法（北斗）、妙蓮華（妙善）、妙經（中斗）……一千人在日本，妙蓮華創立「蓮華經」，坐船至原住民所住的沿海島嶼地方，傳頌蓮華經文，感化他們，他們在船上講經並由女眾來抄寫經文，男眾抄寫藥理，成就現今的「妙法蓮華經」文及藥理、藥懺、藥譚，可惜最後仍被日本原住民用毒箭所射殺，死在船上。

二〇一九年一月一日孟姜女鑾敘

7 日本「日蓮教」

秦朝徐福是北斗神君輪迴降生，他領天命就是為了日本，他奏稟秦始皇說要為其求取長生不老藥，帶領艦隊兵將，保護童男童女及五穀來到日本開墾，徐福死後因為不放心他所帶的童男童女在日本自生自滅，於是又再降生三國時期韓信的胞弟韓子良，結果被害死，死後又跟玉帝與母娘報告要再赴日本降生，這時「玉皇大天尊」跟他說，因為倭寇殺人不眨眼，此事需要巧七降生來勸化日本的霸氣，因此叫巧七降生在「妙家」。

千手千眼妙善（巧七）要降生前，託夢「妙家」都要跟「妙善」姓妙，而且全村的人都要姓妙，這是為了怕又有人被抓回去。所以當村莊有人要生小孩時，妙法（北斗神君）都會跑去通知他們改姓妙，因此全村的人一代一代都姓妙。其實我（妙蓮華）的祖先姓徐，我的父親由姓徐改為姓妙，母親改為妙信。我（妙蓮華）來到日本是要來執行「龍華大會」，誰知因為去印度會「佛」，回程死在海上，導致「龍華大會」一期、二期、三期仍無法完成。

我（妙蓮華）父親是討海人，抓很多魚也殺很多魚，十三歲時我就跟「禪蓮寺」教主丁國龍出家吃素學禪坐，「禪蓮寺」以坐禪修持為主。

我的兩個小妹因為因果循環得到因果病，包括妙法及母親，搞到整個家庭亂粿粿不平安，這時我已經二十二歲了。妙法與母親來「禪蓮寺」，希望師父能讓我回家一趟，本來「禪蓮寺」這個法門是不能回去的，但我在這個年歲時已經知道我要做「龍華大會」的工作，趁此也要求師父能讓我（妙蓮華）多待在家裡一段時間，而師父也答應了這個請求。

回到家看到小妹及母親都被蟲菌、魚蝦水卒及萬物侵入，身心受折磨，所以我與所認的觀音姐妹們唸「普門品」給牠們聽，唸出觀世音的佛號，去除牠們的心魔，改善體質。

我要執行「龍華大會」工作，但師父認為「禪蓮寺」無法配合，所以我必須離開「禪蓮寺」回到自己的村莊。師父跟母親商量後創立「日蓮教」，由我（妙蓮華）擔任教主，所以說「日蓮教」是我（千手千眼妙善）降生所創立的，是領天命要來做三期的「龍華大會」，而那些天上仙佛們也都在這時期降生在日本，要來共同完成任務，不過前提是我要將他們找齊，當我尋找這些仙佛們時，不幸葬生在海上，所以未能完成任務，只有完成「普門品」、「妙法蓮華經」及「藥懺文」。死後回到天界，玉皇大天尊封我妙蓮華為「觀自在菩薩」。

我（妙蓮華）隨時都有一百零八位「天羅神」、「地羅神」保護，為何叫天羅神、地羅神？因牠們都是魔或妖，牠們原本靈性都非常好，只是想法認知有所偏差而已，且認為自己的行為做法並沒有錯，經由我唸經文給牠們聽，勸化其想法，去掉牠們的心魔，降伏了牠們，爾後牠們跟隨保護我，因此天上地下的妖魔鬼怪要阻擾我時，天上的就交給天羅神，地下的就由地羅神負責。

「日蓮教」在日本是很大的教，但部分教眾修持到最後，行徑思維便產生偏差，都說他們的「經」最行最好，甚至有些人施展功夫去跟人鬥法，導致傷害無辜的靈性，這是很不應該的。

而我妙蓮華創「妙法蓮華經」、「普門品」是要讓每個人都能修心養性，然後在眾多師兄師姐護持唸經之下，唸出「觀世音」佛號去除我們的心魔，這些佛號聲音能通顯宇宙、三千、大千世界，祂的功能大到能勸化宇宙間的「靈性」。

目前世界各國都有妙法蓮華經文、普門品，然而在「地府」的萬物靈性都在抗議我的「日蓮教」教門沒有渡牠們，因此西元二〇一三年，年初這天「龍華大會」轉「妙法蓮華會」，也是要繼續我以前未完成的工作，來救渡這些靈性。

二〇一三年八月三十一日日蓮教教主自序

日蓮教滅亡原由

日本「妙法蓮華經」時期，燃燈與五斗神君、釋迦佛祖及所有佛祖、觀音一大批人都在這時期降生於此，大夥的「先天靈性」都知道怎麼做。燃燈（妙蓮華）

在此傳「妙法蓮華經」，不只是要教人家唸經，還要負責運轉盤局，來看出大千、三千世界眾生靈的問題，然後來執行「收萬法、破萬法」工作。

當「道盤」、「佛盤」在日本準備運轉時，我們這群人都已有了歲數，妙法大哥也已經五十八歲了。有一天，有個人來告訴我（妙蓮華）說：「你們都說是『佛』，為什麼不回去佛源跟佛脈接軌，與佛接軌就得要回去。」當時母娘也借體（降鸞）告訴大家要回去印度，我心中在想：我（燃燈）已投胎此地，名為妙蓮華，為何還需要再回到印度呢？中土是「道」、印度是「佛」的發源地，若是要回去，兩邊都得去，這樣路途是很辛苦的。然！一些人還是執意要回印度，最後經多數人同意，由妙蓮華帶領多數人回印度去拜佛祖，而妙法留下來勸善傳佛法。

然而「妙法蓮華」眾人回到印度會靈，哭拜一番後返回日本，回程途中那些魔在海上興風作浪，把船打翻，所有人就這樣全葬身海底，這天正是八月十五日。

這時候那些倭寇受到「魔」的侵入控制，要消滅在日本的妙法大哥，於是倭寇跟妙法接觸說：「你們姓『妙』的祖先（徐福）當初是由中原（中土）來的，侵佔我們的土地，這件事情總要有個了斷！」要求妙法到他們的島嶼談條件，妙法不疑有他而搭船前去赴會，也想藉此宣傳佛法，開導倭寇們。

誰知倭寇的船上載滿箭矢，待妙法搭船前來，於海上用萬箭將他射死，妙法身上被萬箭射成蜂窩，全身骨肉分離，然而身子依然屹立不倒，死的時候妙法心中只想著：「我的小妹們去印度，算算時日也該回來了，不知他們是否平安？」就因這一口氣嚥不下，他挺立於船頭，眺望大海而不願倒下。倭寇見妙法傲立的屍身，對他肅然起敬，良心發現，不禁感嘆這群人或許真的是肩負天命的使者。至此，倭寇們放下種族歧視，融和相處，才有今日的日本帝國。

當妙蓮華與同船的大夥都葬生海底，我（燃燈）帶著同修他們（靈性）回來，見到妙法大哥死了，村莊也被滅了，於是用第三眼觀看為何會演變成今日的狀況，發現原來是「大千」的魔勾結「宇宙」的魔，聯合來消滅「妙法蓮華經」的弟子，為了阻止我們將「道盤」、「佛盤」運轉。

當妙法死後轉世為日本天皇時，他身邊的左右手都被魔控制，行事作為都很霸權，其實那時候的君王及所有日本人，他們的心是慈悲的，但「魔」入侵他們的腦要侵佔所有的國家，導致世界大戰。

「魔」有辦法消滅掉「妙法蓮華經」盤局，如今「大千」、「宇宙」魔，他們也想辦法要毀滅北斗轉世「天皇」所背負的歷史責任，導致歷史批判這位天皇，因而遺臭萬世。所以說「魔」為非作歹，非常恐怖，世人應有所警惕，時時捫心自問，不應為魔所擾。

妙法、妙蓮華、妙經等一干人過逝之後，「玉皇大天尊」賜封為藥師佛，然後再降生「琉璃國」為藥師琉璃光如來、日光菩薩及月光菩薩三位菩薩，繼續傳誦給予人藥理、藥懺、藥譜，執行救渡眾生任務。

二〇一二年四月燃燈古佛降鸞敘說

附錄

認識投胎轉世過程

在輪迴的過程中，一個人當下所存活的生命狀態稱為「今生」，前一個輪迴的生命體則成為「前世」，下一個生命體就稱為「來世」或「來生」。

人類生死輪迴的這一種生命現象早就已存在，現代西方的研究，證明了東方古老輪迴學說，證明人有前世是不容抹煞的事實。然而沒有任何科學的證據可以證明生命死亡之後輪迴的去向，但依然有很多現實生活輪迴轉世的案例，因此這又是一個難解的謎題。所以今天在此深入來說明，人類是如何輪迴轉世並了解其過程。

靈魂來源

談到「人」的誕生，就得說到一億三千年宇宙的二次大爆炸，大千世界的「人」類經過漫長演化過程，沒有既定的目標及方向。直到距今七萬六千年前，一對母子長得不像今日人類，他們長有尾巴，手腳都是三根指頭，眼睛呆滯遲鈍，鼻子無法分出香臭味道，母親與兒子互相觀看都覺得很醜陋，從水影中看到自己也的確難看。因此「炁化成靈」的「一炁」來教導，並由太上老母借入母體招來一批「人」星上尼偶，改造出十隻手指頭的人類靈性雛形，如此做了十二年，手腳指頭人類所，可說「人」類的手腳行動較敏捷。

然而這些並不盡完整，那時「人」的身上只有兩條靈氣，一條「智心靈」，一條「智上靈」（智覺靈），其他如羞恥心、七竅、內臟靈……並沒有完成。

直到四萬六千年前在中國地區，母娘見十隻手指的人類，兩眼無神、口流唾涎、無法控制大小便等，於是黃石公與無極老母、太上老母、西王金母（瑤池金母）、天后娘娘（地母）、天鳳娘娘（五斗之母）共同研究造靈兒，及人體各部位構造的改良精進，而完成一個真正完整的人類，也因此人類的「第一世」起點就在此開始綿延至今。（過程可參考本書第一章）

完成人類傳承，母娘開始教導五斗造靈工作，教他們調集「星斗板塊」的靈性，進駐人類的七竅（眼、耳、鼻、口）、五臟（心、肝、肺、胃、腎），成為能自主控制感官特性的「靈」性，所以這十二條靈性，再加上「智心靈」、「智慧靈」，最後加入「智覺靈」（父母親結合後的精蟲體靈），組成十五條靈性（十五條靈魂），等肉體逝世後十五條靈性開始分化演化。

靈魂的去向

有形的人類肉體過世時，三魂就會各歸其所：

「智心靈」到地府報到論功過，功德圓滿可繼續修行成仙成佛，有過則留地府清算。

「智覺靈」回歸到祖先牌位與祖先同位，供子孫奉安。

「智慧靈」則隨肉身（含骨灰罐）之所在地供後人膜拜，其餘的十二條靈性則隨著肉體的消散而離去，成為無主的孤魂野鬼。

「十二條靈」他們也是有各自獨立的靈魂，只是去向不定而成為遊魂，這情形就很可悲，常聽聞道士作法抓小鬼、孤魂，利用符咒來控制行動為己用，成為犧牲品。而「魔」界的魔子魔孫也會抓這些孤魂，將這些「靈性」關在魔界的牢房中，下毒來奴役他們，讓他們永不超生。另外還有些孤魂野鬼則相互找伴一起去投胎轉世。

投胎細節

「智心靈」（先天的靈性）這條主要的靈性，在地府中經過一至九殿的審判、清算、修行、刑期滿後，領到可投胎的牌令來到第十殿「轉輪殿」。這些靈性由仙佛帶來「轉輪殿」，以及也是由仙佛們引來在「等候室」的遊魂靈性，一起等指派官來到後，指派「智心靈」和其他靈性相互召集成為十五條靈之後，再行投在「轉輪殿」這些靈性曾在地獄受到酷刑的烙印，或是生前有病痛沒醫治好，死後靈性依舊帶有這些病痛，所以當智心靈不幸召集到這些靈性來進駐時，投胎誕生之後就造成先天帶來的缺憾，其人生過程中就會有這些隱藏病痛過一生。

另外會造成先天疾病的原因，有的是因為人類肉體過世，十五條靈性都會帶有「因果業障」，當先天靈性相約三魂及十二元神後來到世間，這個肉體就必須背負「因果業障」責任過一生。

若「智心靈」找來有「因果」的靈性當腎臟，那腎臟就一定會有狀況；找來當眼睛，眼睛就會有眼疾；找來當心臟，心臟就有缺失；甚至一出生，身體就有殘疾。所以找來「因果」靈性，無論安置到哪兒，哪兒就會出狀況，而這些病症就是人們所講的「先天帶來的疾病」，也就是「因果病」或稱「靈山病」。

因果恩怨牽扯的人生

一般世人靈性於地府刑期滿之後來到「轉輪殿」，指派官再找尋其他「靈性」投胎。若能指派找到好的靈性則較順遂，不幸找到有病痛、有因果病纏身的靈性，投胎之後則將影響一生運程。

前世「因」今生「果」，要投胎的靈性拿到了准予投胎的令牌就會到指定處投胎，投胎則會依「靈性」相互間的「因果」而來成為父母、兄長、親、朋、友好……尤其靈性會要求選擇何人來成為他的父母，繼續去完成有恩報恩、有仇報仇的一生。

故為人父母者要知「靈性」投胎前，是由他們來選擇父母親，並非由父母親來挑子女。所以遇到報恩的子女固然可喜，若遇到討債子女時，為人父母就要好好檢討自己的所作所為了。

然而指派官是不看「因果業障」，許多靈性為了化解恩怨，因而被指派共同進入出世的這個「體」，因體內有十五條靈，每個靈性都有其累世因果，所以才容易造成人們因果恩怨思想的矛盾，也許昨天心中想殺自己的母親，哪天又想殺父親，其實這些念頭都不是「我」，而是外來「靈性」的因素，這些「靈」有的想當好人，有的想做壞事，所以是自己前世的「靈」來操控行為思想，並非現在的「體靈」（肉身靈）。因此當我們說錯話、做錯事時，一定要自省，好好修持來化解因果業障，這也是投胎轉世目的之一。

若是奉天承運有使命的靈性投胎轉世之前，「智心靈」會與「腦靈」（智慧靈）會合來到轉輪殿，然後以最優先挑選最健康的發光「板塊」靈性來當十二元神，因為健康「板塊」靈性是沒有「因果業障」來干擾，讓領有使命工作者來到世間後，才能夠盡情發揮所接受的使命，身體上也不致遭受百病叢生的陰影。

而這些接受使命的靈性，也可尋找過去曾接受使命但尚未圓滿達成任務的靈性，於這一世（並且是健康的靈性）還想完成任務者，大夥兒再次共同達成任務。

修行認識

一般人修持，所表現、所注重的都是這一世的修行，把這世所有的七情六慾控制得宜，修練到忘我境界，大部分人都是誦經、超渡、講經、說法，然而又有幾位修行者深知修行方向，修行目的呢？

我們「人」的出生都有責任與目的，其中有一項就是修行來還因果債，而修行者要知道「靈」不滅，操控「人」體是有十五條靈性，且這十五條靈都具有累世靈性，累世靈性又具有累世因果債，因此累世靈性層層疊疊在人體裡，當人一生成長過程中，父母、兄長、親朋、友好、路人甲、路人乙……時機一到，累世因果就浮上檯面操控這個「體」的思想，甚至行為，來進行報恩、報復。所以修行者要知道，「靈性因果」操弄一個人的思維，那就得想辦法來盡能力化解。

當所有靈性在轉輪殿完成十五條靈性組合，投胎前都會飲孟婆湯（忘魂水），故我們在生時若能了解投胎轉世這因果因素及投胎過程，就該覺悟今生好好修行，或許可為「來世」找到健康的人生。

集夢坊

歷史真相 佛脈、道脈傳承故事(一)

出版者●集夢坊
講述●許妙香
編著●葉皖淮
印行者●全球華文聯合出版平台
總顧問●王寶玲
出版總監●歐綾纖
副總編輯●陳雅貞
責任編輯●蔡秋萍
美術設計●陳君鳳
內文排版●王芊崴

國家圖書館出版品預行編目（CIP）資料

歷史真相 佛脈、道脈傳承故事(一)／
許妙香 講述 葉皖淮 編著
-- 新北市：集夢坊出版，采舍國際有限公司發行
2020.07 面； 公分
ISBN 978-986-99065-0-0（平裝）

224.515 109009506

台灣出版中心●新北市中和區中山路2段366巷10號10樓
電話●(02)2248-7896 傳真●(02)2248-7758
ISBN●978-986-99065-0-0 出版日期●2020年7月初版

郵撥帳號●50017206采舍國際有限公司（郵撥購買，請另付一成郵資）
全球華文國際市場總代理●采舍國際 www.silkbook.com
地址●新北市中和區中山路2段366巷10號3樓
電話●(02)8245-8786 傳真●(02)8245-8718

全系列書系永久陳列展示中心
新絲路書店●新北市中和區中山路2段366巷10號10樓 電話●(02)8245-9896
新絲路網路書店●www.silkbook.com 華文網網路書店●www.book4u.com.tw

跨視界・雲閱讀 新絲路電子書城 全文免費下載 新・絲・路・網・路・書・店 silkbook.com

本書係透過全球華文聯合出版平台（www.book4u.com.tw）印行，並委由采舍國際有限公司（www.silkbook.com）總經銷。採減碳印製流程，碳足跡追蹤，並使用優質中性紙（Acid & Alkali Free）通過綠色環保認證，最符環保要求。

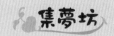

▶如來佛祖手掌心一邊手持「佛」字，用來講述佛法引導眾生向善修持；一邊手掌心執無形的「卍」字來鎮制魔法、魔咒，救出被困住的靈性。

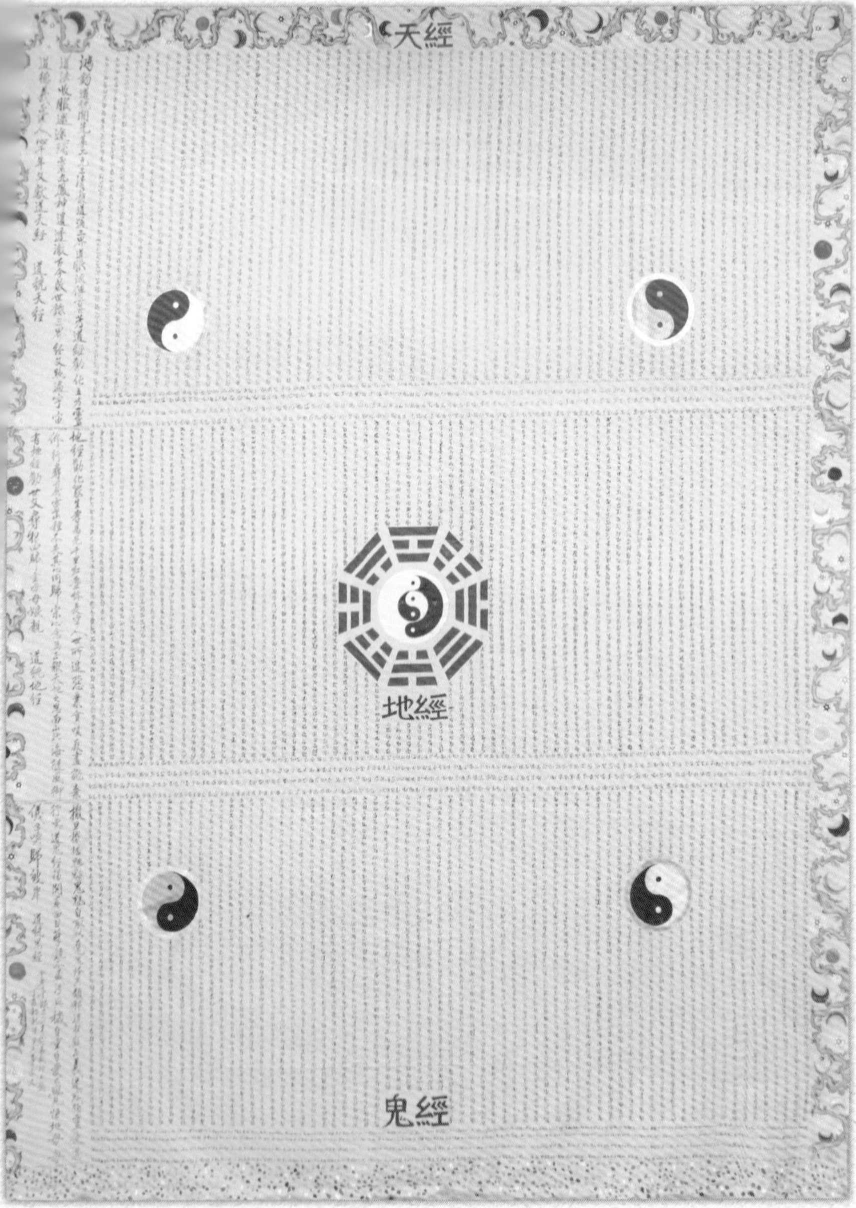

▲道經（天經、地經、鬼經）

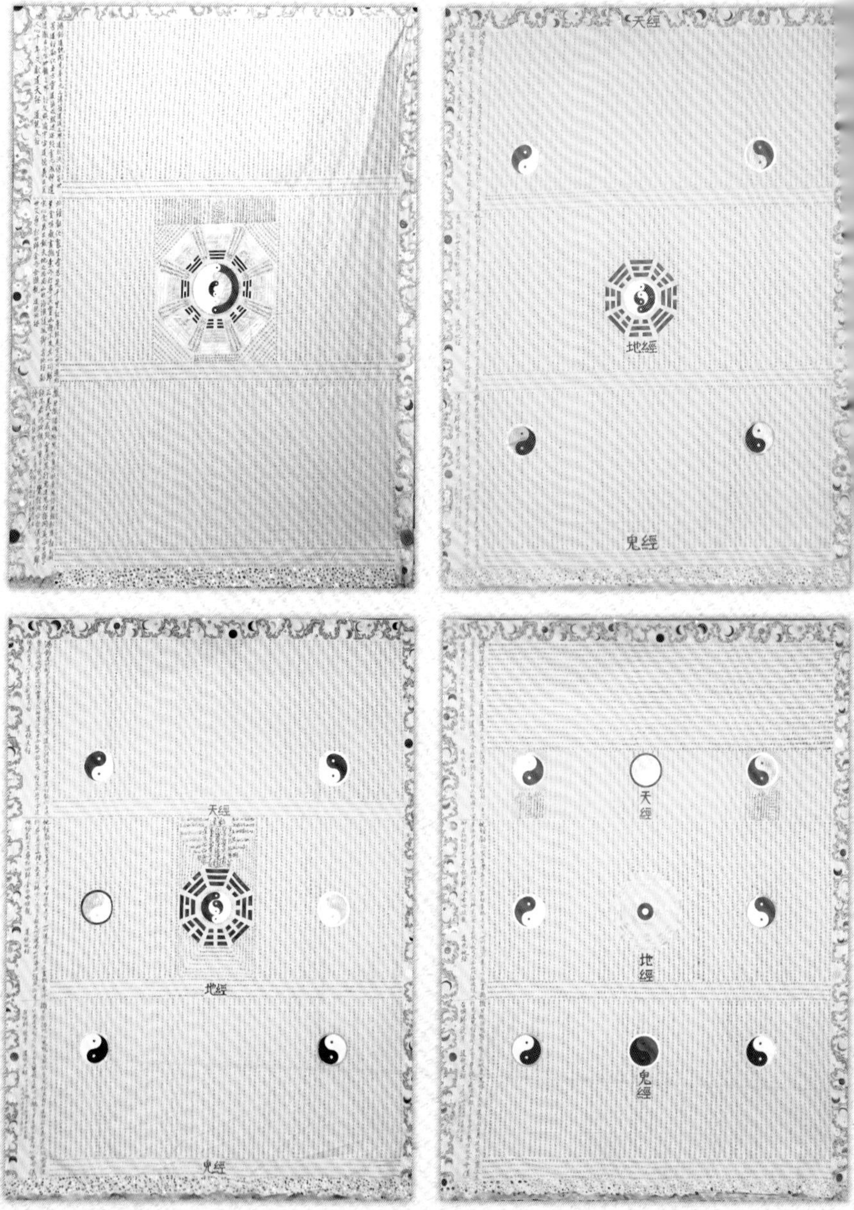

▲道經（天經、地經、鬼經）

▲佛經（天經、地經、鬼經）

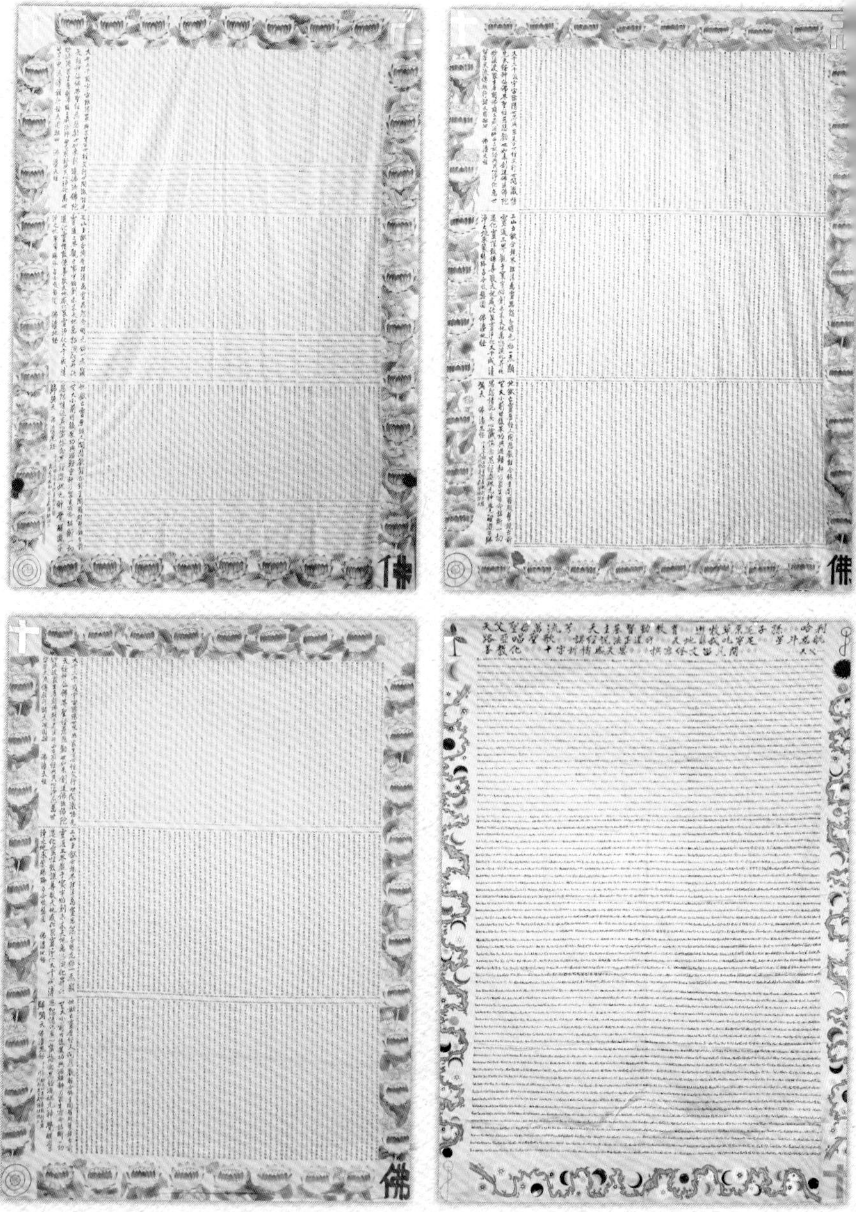

▲佛經（天經、地經、鬼經）

▲天經、地經、鬼經謄寫過程

▲鴻鈞時期勾魂卦咒總圖

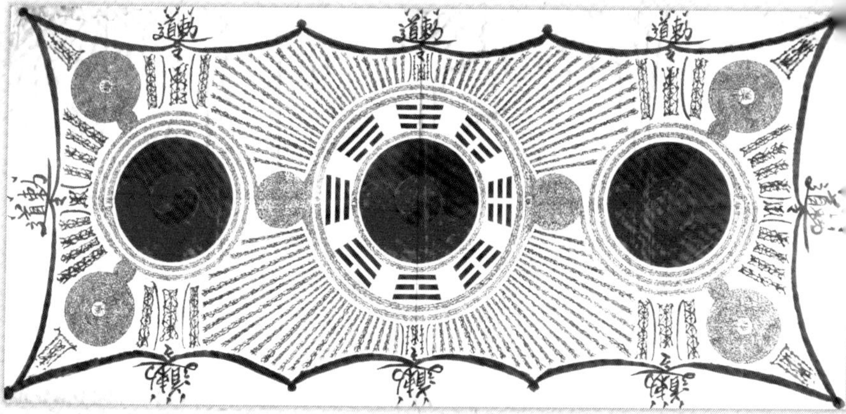

▲道脈道法總圖 (一)

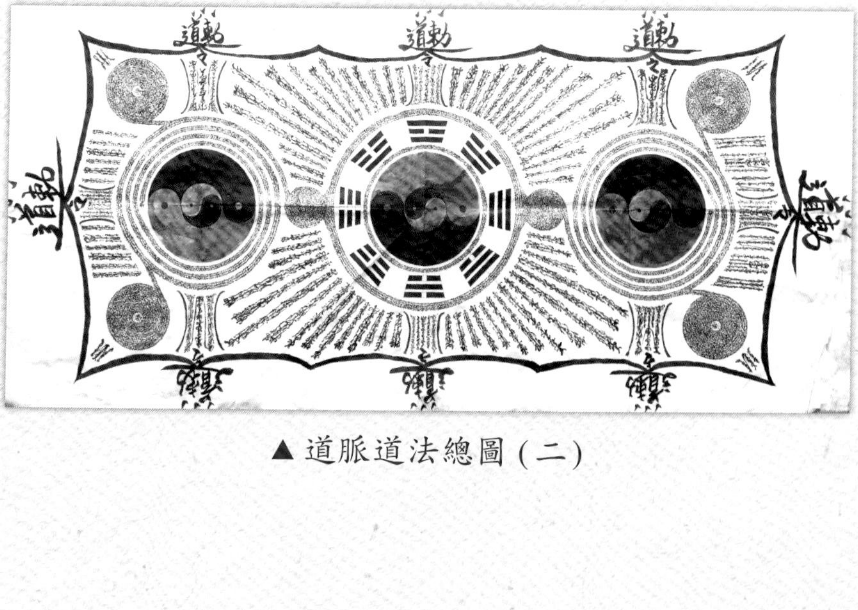

▲道脈道法總圖 (二)

先天八卦 ▶

後天八卦 ▶

母娘先天皇極卦 ▶